JN081835

1300組を結婚させた
プロが教える！

2年以内に幸せをつかむ

大人婚活

完全ガイド

婚活スペシャリスト
佐藤律子
Ritsuko Sato

ビジネス社

律子さんの指導のおかげで40代で結婚できました!

これまでに結婚のアドバイスをしてきた1300組の中から、幸せな体験談を紹介します。

律子さんのセミナーを聞いて参加した婚活パーティーで、たくさんの男性からアプローチを受けました。そうして今の夫と知り合い、1年で入籍しました。婚活セミナーで学んだことを実践したらすぐに結婚できるなんて、プロに教えてもらうって大事ですね。
(F・Mさん、44歳、会社員)

理想が高すぎる私に、律子さんは「これだけは譲れないという条件だけに絞ってみて」とアドバイスしてくれました。また外見についても「もっと華やかに」と洋服やメイクも教えてくれました。そして、38歳で知り合った素敵な彼と交際期間半年で結婚。今、夫ととても幸せに暮らしており、約10年間の婚活をあきらめなくて良かったと心から思っています。
(K・Tさん、41歳、公務員)

私は40歳で再婚しました。律子さんが主催する婚活イベントに参加したら、そこに運命の人がいました（笑）。縁をつないでくれた律子さんに感謝しています。

（K・Wさん、45歳、教員）


律子さんの講座を受講し、自分の婚活が何もかも間違っていたことに気がつきました。あらためて婚活をはじめて1年後、理想通りの3歳年上の高収入男性と40歳目前で結婚できました。

（A・Uさん、43歳、派遣社員）


41歳のときに10年付き合った彼にふられました。絶望の中で律子さんに婚活相談をしたら、「とにかく男性と出会える場所に行きなさい」と言われました。そうして婚活をはじめて2年、43歳で結婚しました。律子さんに背中を押してもらえて良かったです。

（S・Kさん、45歳、主婦）


40代の結婚は「とにかく出会いの母数を増やして」と律子さんに教えていただき、結婚相談所2社とマッチングアプリ3つに登録しました。私は収入があるので相手の収入や見た目などの条件は緩やかにして、マッチングする確率を上げたところ、婚活して半年で今の夫と出会うことができました。

（A・Rさん、46歳、会社員）

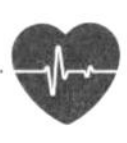

はじめに

「結婚したい」と本気で思っていますか？

　理想の相手とならば恋もしたいし、結婚もしたい。でも、女友達と遊んだり趣味を楽しむことで、そこそこ楽しく過ごせる。そして、気がついたら40代になっていた。

　ここにきて結婚したいと焦っても、恋愛から遠ざかりすぎて何をどうしたらいいのかわからない。それでも気持ちが焦って、いい大人なのに思春期レベルの恋愛思考のままで婚活をスタート！

　こういう方が最近は増えているように思います。しかし、20代から彼氏が途切れないタイプの女性と比べると、男性に対する願望がよくわかっていないので、当然ながらうまくいきません。

「結婚できない＝モテない」という単純な図式ではありません。婚活がうまくいかずに悩んでいる40代は、むしろ清楚でかわいらしい雰囲気の女性だったりします。

そういうタイプの女性は男性から声をかけられることもありますが、そうした好意に対して、「下心があるのでは?」とか「条件に合わない」など、過度に防御しすぎて受け入れない傾向にあります。

女性的な魅力がある、外見が美しい、家事が得意などは、結婚には大事な要素ですが、それに当てはまらない女性であっても、本気で「結婚する」と決めたら結婚できます。

結婚制度は、定められた年齢を超えていれば誰でも結婚できるようにできていますし、結婚式の誓いの言葉のように、貧しい人も、病んでいる人も結婚はできます。

このように「誰でもできるはず」の結婚ができない女性は、理想が高すぎるとか、妥協できないからだとか、男運が悪いなどといわれますが、実はそれらが原因ではありません。**自分の生き方が定まっていない、具体的な将来のビジョンがないから、結婚したくてもできないのです。**

例えば、何が何でも「専業主婦として生きていく」と自分で決めている人は、その自分のビジョンを世間に知らせて強い意志で婚活をしていると、「妻には家にいてほしい」と願う男性と出会えます。

そして、友だちや知人が「理想に合う人を知っているから紹介してあげる」と言ってくれます。なぜなら、彼女自身の生き方が定まっていて、それが他人にも伝わるからです。

一方、将来のビジョンが定まっていない女性は、他人から見ても「この人はどうしたいのかな？　結婚したいと口では言っているけど、本気じゃないみたいね」

と感じるために、誰からもご縁が運ばれてこないのです。結婚は自分の努力も大事だけれど、それだけでできるものではなく、誰かがその機会を作ってくれることで成就することが圧倒的に多いもの。だから、結婚につながる運をつかむことが大事なのです。

ここで、私のことを少しお話しさせてください。20代の頃はウエディングプランナーとして仕事をしていました。ホテル勤務時代にはレストランウエディング事業で驚異的な売り上げを達成し、30歳のときにブライダルプロデュース業で起業しました。

現在は、男女のコミュニケーションを軸とした「異性間コミュニケーション協会」の理事長として「カップル成立率60％以上の婚活スペシャリスト」「全国の講演が5日に1本、リピートが絶えない人気講師」と言っていただけるほど、全国の地方自治体などで婚活セミナーや婚活イベントを実施しています。自治体からの婚活事業の依頼件数と実績は日本一です。さらに、某有名大学で恋愛の授業も行なっています。

脳科学、生物学、環境学、社会学、心理学など、さまざまな学問から必要なエッセンスを統合し、男女の違いを体系化したものが「異性間コミュニケーション」のメソッドです。そもそも男性と女性では、考え方や行動、性格や趣味なども異なります。

恋愛でもアプローチからお付き合いの進め方、愛情の受け取り方まで、すべてがまったく違うのです。「相手の気持ちがわからない」「自分のことをわかってもらえない」、そういった問題が生まれるのは、お互いに相手のシステムを理解できていないことが原因です。

相手の男性がどういう考え方をする傾向があって、どういう行動を取りたがるのかをあらかじめ理解していれば、コミュニケーションは格段にスムーズになります。

40代以上の婚活は若い人よりも想像以上にハードルが上がります。理想の人と出会える機会もかなり減ることを覚悟して取り組まなくてはなりません。

「お金があって、カッコよくて、強くて、優しくて、気配りができて、私を守ってくれる」男性はごく少数ですし、残念ながら40歳を過ぎた女性の前には、ほとんど現れません。いい加減、現実の自分と現実の相手を知る必要があります。

繰り返しますが、結婚は本気で「結婚する」と決めた人ができるもの。私はこれまで1300人以上の婚活女性を結婚させてきたので、そう断言できます。

だからこそ「本気で結婚する」「何が何でも結婚する」という鋼(はがね)の決意が必要です。

でも、大丈夫！　この私が、必ず結婚できる極意を今からお伝えいたします。期待してページをめくってください。

Contents

第1章 婚活がうまくいかない本当の理由

第2章 若い頃の婚活常識は捨てなさい

第3章 男性を振り向かせる結婚戦略

第4章

大人女性は〝自分磨き〟で結婚できる

第5章 初婚、再婚、シングルマザー婚…成功の秘訣

第6章 結婚が人生の幸せのすべてではない

第1章

婚活がうまくいかない本当の理由

「普通の男性を探している」と言いながら、かなり高スペックの男性を求めていない？

40代の婚活女性が求める「普通の男性」とは、年収が５００万円以上で、学歴は最低でも大学卒業で、身長は１６５㎝以上で、正社員として勤務していて、長男でないことです。

年収５００万円は、都市部在住で子どもを一人か二人育ててもギリギリ専業主婦でいられるラインです。夫の収入をメインにして、自分はパートなどで働き、ちょっとした贅沢品を買える生活ができるといったイメージでしょう。

学歴は最低でも大学卒業を求めるのは、女性の高学歴化が進み、価値観や会話の内容やテンポが、同じか少し尊敬できるくらいを望んでいるからでしょう。

身長は165㎝以上という条件は、自分より身体が大きい男性に頼りがいやたくましさを感じることと、子どもへの遺伝を考えている可能性もあります。

正社員として勤務していることは、結婚相手の絶対条件です。今の女性は、結婚後も自分も働き続けるつもりもあり、高収入よりも安定収入のほうが安心できる生活が手に入ると考えています。一般企業でも会社名が有名だったらなおよしで、警察や消防、市役所職員など公務員であることを条件とする女性も多いです。

長男ではないことは、夫の家族の負担を背負いたくないからですね。同居や介護はなるべく避けたいことなので、長男は避けて、次男、三男が人気になりやすいといえます。

存在しない「理想の相手」を探していない？

これが婚活女性の求める「普通の男性」なのですが、かなりハードルが高いことがわかりますよね。特に40代以上の未婚の男性になると、ごくわずかしか存在しません。

なぜなら、その見込みがある男性は、恋愛上手な女性に20代のうちに目をつけられて、とっくに刈り取られているからです。

つまり存在しない理想の相手を探している状態なので、大人女性がこの理想を掲げながら婚活をすると、自分を棚に上げている感じがして、「あなたはどうなの？ 釣り合うの？」と周りに応援されにくくなります。

そして忘れてはいけないのが、相手にも理想があるということ。婚活は自分が選ぶ側でもあり、男性に選ばれる側でもあるのです。

40代で婚活している現時点でかなり出遅れていることを自覚しましょう。

厳しいことを言いますが、婚活しても誰にも選ばれないかもしれない現実があることを覚悟して臨んでください。

年齢を重ねるごとに婚活は難しくなる 自分の価値を客観的に見られているか？

恋愛と婚活の違いを、ご存じでしょうか。

恋愛は何かのきっかけで出会ってお互い自然に惹かれ合うもの。

婚活は結婚相手を決めるために、異性との出会いを求める行動をいいます。

婚活のゴールは結婚ですから、ウキウキした恋愛感情よりも大事なことは、「この人と結婚したらどうなるか」という現実です。

女性と男性では相手に求めるものが違う

婚活には異性からの人気度をはかる「婚活市場」という言葉が存在します。婚活市場では、主に年齢や年収、容姿など表面的な部分で相手の価値を見極める場面が多いでしょう。しかも、女性と男性では、視点がかなり違います。

多くの女性が男性を見極めるのに重視するのは、年収、職種、容姿です。しかし男性では、女性の年齢と容姿が大きな割合を占めます。

結婚したら子どもがほしいと考える男性が多いので、20代から30代前半の女性は婚活市場での価値が高いといえます。事実、その年齢の女性はとてもモテます。

逆にいうと、その年齢を超えると、年齢を重ねるごとに市場価値が下がっていくと考えてください。

自分の年齢が上がれば出会える男性の年齢も上がり、理想の男性と出会いにくくなります。年齢を重ねるごとに婚活が難しくなることを理解しておきましょう。

年齢以外に勝負できる魅力はどこ？

この市場価値を知っていても、女性の婚活がうまくいかないことがあります。その理由は、自分が求める相手への理想と、自分の市場価値のバランスが悪いからです。

例えば、40代の女性が、年収が高くて自分より少し若い男性と結婚したいと思っている場合。女性は男性の年収を第一条件にあげることが多いので、年収が高い男性は婚活市場での価値が非常に高いのです。

ということは、とてもライバルが多いわけで、そのライバルには20代の女性も含まれます。さて、年収が高い男性が20代と40代の女性それぞれに同時にアプローチされたら、どちらを選ぶでしょうか？　答えは簡単ですね。年収の高い男性の大多数は、まず20代の女性を選びます。

でも、こんなことが続いたら心が折れてしまいますよね？　では、どうすればよいでしょうか。それは、やはり自分の市場価値を正しく知ることにつきます。

40代以上の女性が、婚活市場での自分の価値を知るということは、傷つくためではなく、妥協するためでもなく、相手への理想を少しずつ調整する柔軟性を身につけることなのです。

例えば、あなたが年齢以外で勝負できる魅力はどこですか？　それを見つけて磨きあげて男性にプレゼンすることが、幸せな結婚をするために必要なことなのです。

3 年齢で結婚をあきらめないために、若い女性と一緒の婚活パーティーは避ける

40代の婚活女性から、このような相談を受けることがあります。

「昔に比べて、結婚相手に対する理想が高くなっている自分に気がつきました。女友だちの旦那さんを見ても、心から『うらやましい』と思えることが少ないんです。年齢を重ねるたびに、男性にドキドキすることも少なくなっているような気がします。このままでは、自分が納得できる男性にめぐり会えないのではないかと心配です」

年齢を重ねると、若い頃より男性を見る目が厳しくなったり、理想が高くなったりするのは当然のこと。自分の経験値が上がる分だけ、人を見る目も養われていくものだからです。はじめてのデートではドキドキしたことも、年齢を重ね、経験を積むうちにそのドキドキは薄れていきますよね。

だから、年齢を重ねるたびに理想が高くなるのは、自然なことなのです。

婚活では女性の年齢は大きく影響する

婚活市場では女性の年齢はかなり大きく影響します。「結婚したら子どもがほしい」と思っている男性は女性に若さを求めるからです。**例えば、男性は45歳で容姿が美しい女性よりも、30歳で容姿がそこそこな女性のほうが、将来的なことを考えると魅力に感じます。**

よくあるのが、32歳で婚活していたときは30代後半から40代前半の男性からアプローチされたのに、35歳になった途端、40代後半以上の男性からしかアプローチされなくなったという現実。このように、女性の年齢が1歳上がるごとに、結婚への道はきびしくなってしまうのです。

婚活パーティーより1対1のお見合い形式を選ぶ

女性は年齢を重ねるごとに婚活市場での価値が下がり、自分が出会いたい男性と出会うことが、どんどん難しくなります。

そこで成功のカギをにぎるのが、年齢以外の自分の価値をよく分析して、自分が婚活しやすいフィールドはどんなところなのかを検討することです。

幅広い年代の女性たちが参加する婚活パーティーや食事会などは、年齢が大きな判断材料として男性たちに受け取られてしまいがち。40代以上の女性が20代の女性と一緒の婚活パーティーに出てしまったら、どうしたって男性は若い女性のほうに行きます。40代と20代を並べてしまうと、やはり「年齢」がネックになって、年齢が高い女性には勝ち目がありません。

そこで、1対1のお見合い形式で男性と会う戦略に切り替えましょう。周りに比べられる若い女性がいないこともあって、1対1の場では持ち前の魅力を十分に発揮できるはずです。

または、同じ年代や条件の人たちが集まるパーティーに参加するのもいいですね。このように自分に有利に働く場所や環境で婚活をしましょう。プロフィールも自分の魅力を十分に伝えられる内容にして、有利に婚活を進められるような工夫をするのもお忘れなく。

婚活で良い結果を出すために、スタートとゴールの時期を決める

女性の40代や50代は、人生の折り返し地点と感じやすい年代です。心身ともに大きな変化を感じます。

特に大きな変化は体調面の変化でしょう。女性ホルモンの減少で更年期を迎えて、不調を感じやすくなります。疲れやすい、老眼、シミやシワやたるみが気になる、白髪など、これまでにない体調の変化が表れます。

これが女性として魅力を失う要因にもなり、どんどん自分に自信がもてなくなります。

そして、仕事中心だった生活に「このままでいいのかな？」と疑問をもつようになり、40代でフルタイムでの勤務からパートタイムなどに切り替える女性も少なくありません。趣味を充実させたりして、自分の好きなことを優先した人生を送ろうと行動するのです。

仕事中心の生活から、プライベートが充実した生活へシフトしたいと考えるようになると、日常を一緒に過ごせるパートナー男性がほしいと思うようになります。

いつスタートするかを決める

このパターンで婚活をしようとする女性がうまくいくには、まずは、いつスタートするか？　を決めること。今すぐなのか、身辺を整理してからスタートするのかを検討しましょう。

私としては、思い立ったら吉日！　できるだけ早くスタートしてほしいと思います。**何度もお伝えしていますが、婚活は年齢が明暗を分けるので、40代以上の女性の一日はとても重要な意味をもちます。**

婚活期間は2年と決める

婚活をスタートさせたら、もちろんゴール設定も同時に考えましょう。明確な期限を決めて目標を設定することで結婚が現実化し、婚活が楽しくなり、気持ちが前向きになります。

私がおすすめする婚活期間は2年です。相手がいない状態でスタートして、お付き合いして入籍するまでを2年以内で成し遂げよう！　とお伝えしています。

この「2年」という期間は、受験や就活などで誰しもが経験している期間といえますから、感覚がつかみやすく、頑張りが継続しやすいのです。

2年後に結婚するなら、半年以内に何人かの候補者を選ぶ、数ヶ月間かけて候補者とデートをして相手を一人に絞る、その人と半年ぐらいお付き合いをする、など目標達成のための具体的なアクションがわかりますよね。

一番大切なのは、自らの積極的な行動です。男性からのお誘いをひたすら待つのではなく、自分からどんどん誘うことです。2年という期限があるのだから、積極的に自分から行動しないと達成できません。

20年間も婚活の仕事をしてきましたので、婚活女性は受け身で消極的なタイプが多いことは知っています。でも受け身で結婚できる年齢はとうに過ぎ去っています。自分の殻を打ち破っていくことが必要ですよ。

5 自分で積極的に行動できる人には婚活アプリ サポートを受けたい人には結婚相談所

婚活を考えたとき、利用できる身近なツールとして、マッチングアプリや結婚相談所を思い浮かべる方が多いと思います。

婚活アプリを使った婚活は、自らお相手を探して「いいね！」を送り、マッチングが成立したらメッセージのやりとりを重ね、初回デートに結びつける、というのが大まかな流れです。

そのため、婚活アプリは「自分から積極的に行動して相手を探すことができる人」に向いています。

結婚相談所は、できるだけ早く結婚したい人や、他者からのサポートを受けながら婚活を進めたい人に向いています。

モチベーションを維持しやすく効率的に婚活を進められる反面、結婚相談所は婚活アプリよりもコストがかかります。そのコストをかけてでも早期結婚を目指したい人や、他者からのサポートを必要としている方に向いています。

婚活アプリは住んでいる地域に関係なく出会える

結婚相談所と婚活アプリの会員数を比較すると、婚活アプリのほうが圧倒的にユーザーが多いことがわかります。

結婚相談所の場合、地方と都市部では会員数に違いがあり、人口の少ない地域ではどうしても出会える相手に限りがあります。一方の婚活アプリなら、住んでいる場所に関係なく出会うことができます。

結婚相談所は入会が手間だが安心感がある

入会のハードルはどうでしょうか。婚活アプリはほとんど手間をかけずに入会でき、アプリのダウンロードや会員登録は無料か低価格です。よって、気軽にお試し感覚で婚活を始めることができます。

これに対して結婚相談所は、入会するために、独身証明書、収入証明書、卒業証明書、住所証明書などの提出が求められます。これらの書類を提出することで会員の身元が保証され、お相手にも安心感を与えられるメリットがありますが、入会に手間がかかるのでハードルは高めです。

自分に合うものを利用する

このように婚活アプリと結婚相談所には、あらゆる面において違いがあります。その違いがメリットとなるかデメリットになるかは、その人によって受け取り方が変わってくると思います。

結論としては、先ほどもお伝えしたように、「自分から積極的に行動して相手を探すことができる人」には婚活アプリ、「できるだけ早く結婚したい人」「他者からのサポートを受けながら婚活を進めたい人」には結婚相談所が合っている、ということになります。

まずは自身に合った婚活方法を選ぶことをおすすめしますが、40代以上が若い人と肩を並べて戦っても勝てませんから、婚活アプリも結婚相談所も、同世代以上が在籍しているところを利用しましょう。

アバターで疑似デートができるアプリ

例えば、最新の婚活マッチングアプリMemoria（メモリア）などは、メタバース空間の中でアバター同士が出会い、何度かデートを重ねないとリアルでも会えない仕組みです。顔を出さなくてもその人の雰囲気が出て、ゲーム感覚で仲良くなれるそうです。

バーチャルな空間でお互いを理解してから会えるので、実際にリアルで会った男女のうち、半数以上の方が交際や婚約に進んでいるとのこと。アバターからファッションセンスもわかるので、会ったときのギャップが少ないのも良さそうです。

通常の婚活アプリやリアルな結婚相談所で疲れたら、Memoriaのようなサービスを「いい人がいたらラッキー」ぐらいの感覚で使ってみてもよさそうですね。

6 恋愛経験がなくても大丈夫 「恋愛期間ゼロ」の結婚も増えている

ここ20年ぐらい、男女ともに恋愛経験の少ない人が増えています。私のところに相談に来る女性の4～5割が、交際や性経験がありません。

私は恋愛経験が少ない人に、「思春期の10代の頃に恋愛をしましたか？　20代前半ぐらいに異性にモテるためのアプローチをしていたことがありますか？」と質問します。この質問に「いいえ」と答えた人は、そもそも恋愛温度が低い可能性があります。10～30代で恋愛らしいことをしてこなかった人は、あまり恋愛が向いていないと自覚してもいいでしょう。

一般的に、「結婚は恋愛の延長線上にある」と考える人は多いでしょう。けれど、

40代まで恋愛をほとんどしてこなかった人が「結婚のために恋愛しろ」と急に言われても困りますよね。

私はこうした方には「恋愛のない結婚があってもいい」とお話ししています。実際、最近では「交際0日婚」というケースも増えてきています。

日本には恋愛の文化がなかった

もともと日本には恋愛という文化がなかったという説があります。結婚とは「家の存続のため」という考え方が根強かったからですね。

ですから、恋愛が苦手でも少しもおかしくないのです。

ちなみに、日本の文化で恋愛に似た感情を表すのは「色・情・粋」です。「色」は色遊びのこと。今でいう性風俗やキャバクラなど、男性が恋愛ごっこを楽しむことを意味します。

「情」は夫婦間や家族間の情という意味で、思いやりや慈しむ心などのこと。

「粋」は男性が女性の前でカッコつけたり、女性が男性の前でかわいい仕草をしながら相手を惹きつけることです。

かつてはこの3つが恋愛のような関係を生み出して、男女間が成り立っていました。明治20年に西洋文学が日本に浸透して恋愛小説が流行し、女学生達がそれを読んで憧れを抱き、太宰治などの文豪が恋愛小説を書くようになりました。こうして恋愛が流行したとされています。

バブルで日本中が恋愛モードに

恋愛文化が日本中を席巻したのは1990年代のバブル経済期です。テレビ、雑誌、すべてが恋愛を盛り上げて消費活動を促しました。その影響で、当時の若者みんなが「恋愛しなくちゃ！」モードになったのです。

バブル期の男性はたくさんお金を持っていて、女性もボディコンで見た目を着飾り、モテない男性や色気のない女性がほとんどいない、奇跡の時代だったとされます。この時代に、「恋愛して結婚するのが当たり前」という常識が決定的になったのです。

その後、バブルが崩壊して、男性はお金を失い、女性も遊んでばかりいられなくなってしまいました。こうして恋愛して結婚することができずにきてしまった人のために、「婚活」という市場が生まれたのです。

結婚後に相手をゆっくり好きになる

婚活とは、結婚を目的とした男女が出会って結婚への道筋をつけること。**結婚したい人だけを集めて、その中から結婚相手を見つけてもらうのですから、恋愛しないで結婚してもいいのです。**

恋愛しないで結婚したいと考えている人の中には、恋愛経験がないために恋愛する自分が想像できず、恋愛を飛ばして結婚したいと考えている人が少なくありません。

そもそも男性に苦手意識がある人もいます。

また、過去の恋愛経験が辛いもので、二度と同じ思いをしたくないために、恋愛をしないで結婚したいと考える人もいます。恋人ができても、必ずしも結婚に結びつくとは限りません。そこで恋人の段階を飛ばして、確実に結婚できる相手を求めたいと考えるわけです。

恋愛しないで結婚しても、結婚生活の中で夫に恋愛すればいいのです。むしろそのほうがときめく結婚生活ができるかもしれませんよ。

Column

「結婚まで2年」と決めたら ロードマップを描いてみる

今から２年で素敵な彼と出会って結婚するなら、その間にやるべきことをざっと上げてみます。

1年目

❶「婚活をスタートする」と決める
❷男性と出会う方法を探す（婚活アプリ、合コン、パーティー、結婚相談所、友人の紹介など）
❸男性と出会える方法を片っ端からやってみる
❹「いいな」と思う人とつながって、連絡をとる
❺お付き合いする前のお試しデートを何人かと繰り返して相手を絞る
❻特定の相手を見つけて、お付き合いをする
※特定の相手が見つかるまで❷～❺を繰り返す

2年目

❶付き合っている相手に、結婚の意思を確認する
❷プロポース、親への挨拶（婚約期間は短めに）
❸入籍する

１日も無駄にできないことがわかりますね。

若い頃の婚活常識は捨てなさい

相手に求める条件は何か?結婚できた1300人に見る「結婚の条件」

「国立がん研究センター」が2019年度に行なった調査によると、結婚相手に求める理想の条件として、男女共通で上位だったのが、価値観が合う・優しさ・健康・浮気をしない・タバコを吸わない、でした。

ちなみに未婚で「結婚相手はたばこを吸わないほうがよい」と思っている人は約7割という結果が出ています。婚活するなら、タバコはやめたほうがよいことがわかりますね。

そして、男女ではっきりとした違いが出ている項目があります。それは、結婚する相手に求める具体的な条件です。

男性は女性に何を求める？

♥結婚を考える男性が女性に求める条件2つ

①容姿
②家事力

男性が結婚する女性に求める条件は、「容姿・身長」などの外見と、「家事全般ができる」こと、となっています。

女性は料理の腕を上げようとして、パン教室や健康食を学ぶ料理教室に通ったりすることが多いのですが、男性は〝茶色い料理〟、つまり、アミノ酸がたくさん含まれている食べ物が好きです。例えば、餃子、ラーメン、ハンバーグ、カレー、揚げ物などです。「茶色い食べ物はおいしい」という話を聞いたことはありませんか？　これには科学的根拠があります。調理の過程で糖やタンパク質、アミノ酸などが加熱されるとアミノカルボニル反応が起こり、食欲をそそる香気を生み出します。それが男性が好む味覚なのです。

ということは、健康食より〝茶色い料理〟がおいしく作れるほうが、男性の胃袋をガッチリつかめるということですね。

女性が男性に求める結婚の条件は？

では、女性が結婚相手の男性に求める条件は、どのようなものでしょうか。

♥結婚を考える女性が男性に求める条件2つ

①　頼りがい

②　年収４００万以上

女性は結婚相手となる男性に、「行動力や決断力」があり、「年収・経済力」がしっかりした「頼りがいのある人」を選ぶ傾向にあるようです。自分や子どもを守ってくれそうな強い男性、真面目で常識のある社会性の高い男性が、結婚相手として望まれているということです。

私が考える結婚の5つの条件

私がこれまで婚活のお手伝いをして結婚に至った1300人の方を見るにつけ、「この条件が合った相手と出会えたから、結婚に踏み切れたのだな」と実感している項目があります。それが私の考える「結婚の条件」といえるもので、次の5つです。

♥著者が考える結婚の5つの条件

① 安定した収入（必要最低限の年収）がある
② 食・お金・肌のふれあいの価値観が同じ
③ 一緒にいて居心地がいい（ストレスが溜まらない）

④愛情や思いやりがある
⑤相手の家族や親戚との関係が保てる

結婚でまず妥協できないのは、安定した収入や必要最低限の年収です。そして、食の好みやお金の考え方、お互いに肌に触れ合えるか（ハグやキスができるか）は、一緒に生活する上で絶対に外せない項目です。

これらの価値観が受け入れられずにお互いストレスが溜まった先の未来は、離婚になる可能性が高いです。

お金の価値観に関しては、お金を使わない男性を選ぼうという意味ではなく、「お金の使い道の価値観が合っているのか」が大切ということです。それはデートの会話から気づくことができます。

「車が好きなんだよね」と言う男性は、車の改造が好きなのか？　ドライブが好きなのか？　で、お金の価値観や使う金額が違ってきます。こうしたお金の価値観については、デート中の会話から把握しておくといいでしょう。

一緒にいて居心地がよい相手であることは結婚する上で非常に重要です。愛情や思いやりがあるかも妥協するべきではありません。ときどきケンカをしても、すぐに仲直りできて、ストレスがかからないことは長い人生をともに歩むためにも必須条件です。

最後にあえて「相手の家族や親戚との関係が保てる」を入れました。家族という概念は思いのほか広域です。自分に合った人を見つけても、相手の家族や親戚とうまくいかない場合、辛いことも多くなります。できれば相手の家族や親戚、自分の家族や親戚と良い関係が築ける結婚相手を選びたいものです。

〝イケメン〟よりも大切なのは、自分を〝愛して大切にしてくれる〟パートナー

多くの女性が掲げる〝理想の素敵な男性〟とは、以下のような条件を満たしている人でしょう。

・イケメン
・清潔感がある
・優しさと強さがある
・聞き上手
・決断力があって頼りになる

・紳士的で女性を大切にする

けれど、ここまで男性に期待するなんて酷ですし、こんな人はあまり存在しないと思います。もちろん、ラッキーなことにこういうタイプと出会えて、交際に発展することも稀にはあるでしょう。

外見重視の女性が陥りやすい罠

外見重視の女性が陥りやすいのは「顔がタイプだから、ちょっとしたワガママも許せたり、ケンカしても自分から折れてしまったり、相手の言いなりになってしまう」こと。**母性本能といいますか、顔がタイプの男性とお付き合いできた喜びから、相手の内面をちゃんと見ることができなくなってしまう傾向があるように思います。**

そして、イケメンを選んで結婚したとしても、外見が経年劣化することを受け入れなくてはなりません。ハゲるかもしれないし、体型がだらしなく変わってしまうこともあるでしょう。どんなに努力をしても、永遠の若さは保てないのです。

またイケメン男性は誰が見ても魅力的なので、周りからのアプローチも多いはず。結婚後の浮気の心配が絶えないデメリットもあります。

自分を愛してくれるパートナーがベスト

婚活とは、結婚に向けて生涯のパートナーを探す場ですから、重要視されるのは「一緒にいて落ち着ける人」「自分を大切にしてくれる人」

のはず。**特に女性は「愛されていること」が、自分の心を満たすための最重要ポイントです。**

お互いに飾ることなく「自然体でストレスのない毎日を過ごせるか」「心に余裕をもった生活を送れるか」に目を向けることが、長い人生のパートナー選びには大切です。

このように、女性が最終的に結婚相手に求めるのは、居心地のよさ、性格、価値観なのですが、一方で男性は、女性の容姿の好みには妥協しない傾向があります。容姿が好みでなければ、男性はあなたをお付き合いの対象から外してしまうでしょう。

これについては別の章で詳しくお伝えしますが、自分も男性から選ばれるということを肝に銘じて、男性にまんべんなく好印象を与える方法をぜひ身につけてください。

9 過去のキラキラした恋愛体験は捨てよう 記憶は都合よく美化されているもの

「今付き合っている人と過去の恋人をどうしても比較してしまう」「ふられた相手のことを忘れられず、新しい恋ができない」など、「過去の恋愛」にとらわれて婚活に踏み出せない人は少なくありません。

恋愛に対して一途な人ほど、過去の恋愛を引きずりがちのようです。「人間は忘れることができるから生きていける」という言葉がありますが、忘れられない恋愛の記憶がずっと残っているということですね。

けれど、「過去」のキラキラした思い出にとらわれて、今や未来の出会いの可能性

を見逃してしまうのはもったいないことです。

恋愛中の嫌な出来事は忘れがち

ではここで、記憶の仕組みについてお話ししましょう。

まず、記憶にはいくつかの種類があります。身体感覚のように身体が覚えている記憶、辛いことや楽しかったという体験を覚えている記憶、そして勉強などで頭を使って覚える暗記などの記憶です。

どれも記憶ではありますが、それぞれ少しずつ性質が違います。暗記のように、しようと思ってもすぐ忘れてしまい、なかなか覚えておくことが難しい記憶がある一方で、身体感覚や体験の記憶は、忘れようとしてもなかなか忘れられません。

心理学では、人は自分にとってネガティブな記憶を深層へ押し込める傾向にあるといいます。辛いことや悲しいことを深層へと押し込める（忘れる）ことによって、人間は今までの自分を認め、これからの人生も前向きに生きていくことができるのです。

心理学実験で被験者に過去の記憶について語ってもらったところ、楽しかった記憶は思い出せる人が多かったのですが、失敗した記憶や辛かった記憶を思い出せる人は少数だったことが判明しています。

つまり恋愛の場合も、恋愛している最中の嫌だったことや悲しかったことは都合よく深層に沈めて、良い出来事や楽しかったことだけを記憶に残してしまうのです。

ふられた相手を「見返したい」気持ち

美化された恋愛の記憶があるままで婚活すると、出会う人を過去の彼とずっと比較してしまい、満足のいく相手と出会うことが難しくなります。

しかも、ありがちなのは、自分からふった相手のことは忘れていて、別れたくなかったのにふられてしまった相手については「好きなまま」の記憶が残り、執着してしまうケースです。ふられた辛さ、悔しさ、怒りといったネガティブな感情を、「好きなまま」で消化しきれていないのです。

ふられた自分は「負け」の状態なので、もう一度「勝てる状態」に戻したいと考えてしまう人もいます。あなたもふられた相手に、「キレイになって（もう一度好かれて）見返したい」など復讐したい感情をもっていませんか？

もう終わったはずの過去の恋愛にしがみついていても幸せにはなれません。**ふられた辛さや悔しさは、新たな恋愛やこれからの人生を充実させることで忘れるようにしましょう。**

今の彼への不満…自分に原因があるのかも？

また、今現在恋人がいるのに過去の恋愛が思い出されてもやもやするのは、今の恋人との関係になんらかの不満があるからです。それが相手にだけ原因があると考えている人ほど、「前の彼のほうが良かった」と感じてしまいがち。「相手のせい」と思っている限り、そこから抜け出せません。

でも、今の恋人への不満は、もしかすると自分に原因があるのではないか？ といったん置き換えて、じっくり考えてみましょう。仕事がうまくいかずストレスが溜まっている、なんとなく体調が悪いなど、思い当たることが出てくるのではないでしょうか。

どうあがいたって過去には戻れません。私たちには未来しか来ないのです。どうせなら、過去のキラキラした恋愛によって磨かれたあなたを活かして、新しい恋を楽しみませんか？

10 男性の〝守ってあげたい欲求〟を刺激して、〝手放したくない〟女性になる

ほとんどの男性が心惹かれてしまう女性のタイプがあります。

それは「問題を抱えた美人」です。ここでいう「美人」とは顔が美しい人のことではなく、その男性の「好み」にハマる人です。

男性は何かに困っている女性が、気になって仕方ありません。例えば、病気がちな女性や健気なシングルマザー、おっとりして頼りなげな女性などです。

思わず手を差し伸べたくなる女性は、男性の〝守ってあげたい欲求〟が刺激されます。だから、あえて男性に頼ることをしてみましょう！

女性に頼られると男性は自分の価値を感じる

男性は「貧乏してもいいからあなたと一緒にいたい」と言ってくれる女性には、「何としてもお金で苦労はかけまい」と思います。ファミレスでも喜んでくれる彼女には、もっと良いものを食べさせたいと思います。「死なないで」と言ってくれる女性を守るためなら、「自分は死ねる」とさえ思えるものなのです。

このように、男性は女性に必要とされていると感じるとき、自分の価値を再確認するところがあります。**だから、自分が必要とされないと感じると、「君は僕がいなくても生きていけるよね」と離れていってしまうのです。**

40代以上の大人女性は、これまで「一人でも生きていけるよね」と男性に思われて、結婚を逃した経験があるのではないでしょうか？　ちょっと頑張りすぎて、強い自分を見せてしまったのかもしれませんね。

けれど、人間は誰にでも欠点があります。それを隠すのではなく、あえて人前で出すことで、相手の守りたい欲求を刺激してみましょう。自分のダメなところやできないところを晒すことで、男性は「彼女には僕がいないとだめだな」と感じるものです。

人は〝自分が助けた人〟を好きになる

人の心理には「助けた人を好きになる」というメカニズムがあります。

例えば、困っている知り合いを助けたとします。一見、助けられた人が、助けてくれた人を好きになりそうな気がしますが、実は逆で、助けた側が助けられた人に好意を抱くのです。

どうしてこのようなことが起きるのでしょうか？　それは、脳が人を助ける理由を求めるからです。

「どうして僕はこの人を助けたんだろう？」と思ったときに、「好きだから」ととらえると、助けた行為と辻褄が合うため、その相手のことが気になるようになります。

つまり、人に好かれたいと思ったら助けを求めること。恋人同士になったら、彼にどんどん頼ったり、弱さを見せてください。「あなたがいてくれるから私は幸せなの」という態度を見せた先に、彼との結婚という未来が待っています。

男性は女性によって成長する

男性は女性の存在によって、進化と成長をしていきます。彼女がいない男性より、彼女がいるほうが素敵になり、結婚しているほうがさらに

素敵に進化します。つまり、**男性は「原石」で女性は「砥石」の役割ですね。**

太郎さんという人物がいたとして、彼女が一人もいなかったときの太郎さんと、彼女がいるときの太郎さんと、結婚しているときの太郎さんでは、外見や人間性がまったく違います。

なので、彼の過去の彼女にさかのぼって嫉妬をする必要はありません。歴代の彼女達のおかげで彼が磨かれたのですから。「彼を素敵に成長させてくれた過去の彼女さん、ありがとうございます」という気持ちをもちましょう。彼も、自分をどんどん磨いてくれるあなたを手放すことはないでしょう。

ところで、女性も男性によって磨かれるのでしょうか？

いいえ、そうではありません。男性に好かれたい気持ちから影響を受けることはあっても、女性は「自分磨き」の性質がありますから、自分の願望で成長していきます。

つまり、男性は女性が砥石となって磨くことで、その魅力が引き出されます。女性は自分の願望を叶えるために自分磨きをします。

この性質の違いをお互いに知って、魅力を磨き続けられる関係が理想ですね。

11 男性は、女性ほど恋愛にのめり込まない男性を試すような行為は、破局を招く

男性と女性では、恋愛相手のことを考える割合が違うようです。私はこれを「恋愛脳」と呼んでいます。

女性はひとたび恋愛関係になると、頭の中の7割が好きな人のことでいっぱいになり、他のことが手につかない状態になりがちです。

ところが男性は、どれだけ恋愛感情が高まったとしても、頭の中の3割程度しか彼女のことを考えません。 男性は仕事が忙しいなど何かに集中していると、彼女の存在を忘れます。友人と遊ぶときにはそれに没頭して、彼女のことを思い出すことはないでしょう。

予備校講師の友人が面白いことを教えてくれました。大学受験期に恋人ができると、男子は合格するカッコいい自分を見てほしいと考えて勉強へのモチベーションがアップして、成績が上がる傾向にあるそうです。

ところが女子は恋愛脳が影響して頭の中が彼のことでいっぱいになり、成績がガクンと下がるという傾向にあるそうです。

恋愛脳の埋められない溝

女性は心から好きな相手と恋愛関係になると、恋愛のことばかり考えてしまうようになります。これが、順調な交際を破局に向かわせる毒になることもあるのです。

例えば、仕事がとても忙しい男性とお付き合いをしたとします。もちろん、彼との結婚を考えています。彼が忙しいのはわかっているけど、なかなかデートができない、LINEをしても返事が来ない。こういったことが続くと、女性は彼の気持ちを試すような危ない行動に出ます。

まず、「会いたい、会いたい」とわがままを言います。もちろん、会いたいと思うのは恋人だから当たり前ですね。

そして、忙しい彼がその要望に応えて会う時間を作ったとします。彼は「彼女と楽しい時間を過ごしたい」と思っているのに、彼女は、今まで会えなかった不満やＬＩＮＥの返事が遅いことを彼に伝える時間にしてしまいます。

不満を浴びせられた彼は心理的負担を感じてしまい、彼女への「好き度」がちょっと下がって、恋愛脳の３割すべてで好きだった気持ちが２割に減ってしまいました。

彼の愛情を試す行動派が破局を招く

ちゃんと改善点を伝えたのに彼の態度や行動がまったく変わらなかったので、女性は次の行動に出ます。「友達から合コンに誘われた」「後輩の男性に告白された」など、他の男性の影をちらつかせて彼の愛情を試すのです。

もちろん、彼に引き止めてほしくて言っているのですが、男性は試されることに嫌悪感を抱いて、思わず「別に、好きにしろよ」と反応してしまいます。こうしてさらに男性の好き度は減り、恋愛脳の1割しか彼女への愛情がなくなってしまいました。

そして彼女は彼を試す最後の行動に出ます。「私のことを大切に思ってくれないのなら、もう別れましょう」。これが最後の試しです。本心では「お願い！　別れたくないって言って」と思っているのですが、すでに恋愛脳の1割しか好きな気持ちが残っていない彼は、「わかったよ。じゃあ別れよう」と返事をします。

こうして、この恋愛は破局を迎えました。**女性が勝手に地雷を仕掛けて自爆したよ**

うに見えますが、ほとんどの女性が経験しているといっても過言ではないパターンです。

恋愛脳を5割ぐらいに下げる努力を

男性は試されることがとても嫌いです。「試される＝信頼されていない」証拠だからです。しかし、女性は相手を好きになればなるほど、自分自身をコントロールできない状態に陥ってしまいがちです。

だからせめて、恋愛脳の比率を7割から5割ぐらいまで下げられるといいと思います。２割の時間を使って、自分磨きに打ち込むことをおすすめします。料理教室に通ったり、ダイエットしたり、資格を取ったりして、気をまぎらわして男性に心理的負担をかけるようなことをしないように心がけてください。

恋愛に多くのエネルギーを注ぐのではなく、適度に力を抜いて恋愛感情と向き合いましょう。そうすれば心地よい関係性を築けます。

12 「偶然」の出会いを「運命」に変えられる人と、「単なる偶然」で終わらせる人の違い

結婚したい！　と思ったら、一日も早く婚活スイッチを入れて行動しましょう。大人婚活はとにかく時間がありません。ここで知っておいてほしい理論を紹介します。スタンフォード大学のクランボルツ教授らが行なった、富と名声を手に入れた成功者たち数百人を対象とした「成功の秘訣」の分析です。

徹底した調査の結果、成功者のうちの約8割は、今の自分の成功は「予期せぬ偶然によるもの」によってもたらされたと答えたのです。この結果をもとに導き出された成功の法則を「プランド・ハップンスタンス（planned happenstance）理論」と呼びます。日本語に訳すと「計画された偶然」となります。

この理論は次の3つから成り立っています。

①人生の成功は、予期しない偶然によってその8割が形成される。

②ただ偶然を待つのではなく、自分にとって良い偶然が起きやすくなるように行動したり、偶然が起きそうな気配を敏感にキャッチすることで、ラッキーと思えるチャンスを増やすことができる。

③その偶然を引き起こすために積極的に努力し、偶然を活用して成功へつなげていく。

偶然を「運命」に変える人、「偶然」のままで終わる人

つまり、人生で成功するきっかけは偶然によってもたらされるけれど、ただ偶然を待つのではなく意識して行動することが必要で、さらに、偶然を活用することで大きく成功できるということです。

この理論はビジネスキャリアの作り方として大変な反響を呼びました。この理論は、

恋愛や婚活にも活用することができます。運命の人に出会って人生に勝利したいならば「プランド・ハップンスタンス理論」を身につけて、次のことを実践してください。

♥① 好奇心をもつ

「なんか、面白そう！　楽しそう！」という気持ちを大切にしましょう。行動を起こすためには、何でも楽しもうとする好奇心が一番の動機になります。

男性との出会いの場をすべてワクワク面白がってください。「婚活疲れ」なんて言っている場合ではないですよ。

♥② 粘り強くトライする

「2年間は、何が何でも婚活をやり遂げよう」という気持ちが大切です。婚活は受験と同じ。あなたも受験生のときは、志望校に合格するために勉強が最優先だったはずです。婚活も同様に、やると決めたらそれ以外には執着しないことです。

お金の使い道も、デート費用や婚活ファッションに絞るなど、人生の最優先事項を「婚活」にしてください。

婚活のために、未婚男性がたくさんいる会社に転職するのもいいでしょう。

♥③ オープンマインドを心がける

婚活は深く考えるとうまくいきません。ピン！　ときたらパッ！　と動きましょう。「合コンあるよ！」「合いそうな人紹介するよ」など、ピン！　とくる出会いの機会を得たら深く考えず、パッと瞬発力で動いてください。

出会いの数が多くなればなるほど、好みの異性と出会う確率が高まります。

♥④ 楽観性

婚活でうまくいかないと「どうせふられる」「どうせ会ってもらえない」など、ネガティブな気持ちにとらわれてしまいがちです。

けれど、そういうときは「私は、絶対に素敵な恋ができる！」「私は、絶対、結婚できる！」と、婚活に対するマイナスな気持ちをすべてプラスに意識的に変えてください。そして、異性に対する適切なアプローチをすることです。

私が考案した「異性間コミュニケーション」（136ページ参照）では、女性は望んで適切な行動をすれば、必ず結婚できると断言しています。

♥⑤ リスクをとる覚悟を決める

婚活がうまくいかない女性は、被害者意識にとらわれていることがあります。まずはそこから抜け出しましょう。

例えば、うまく恋愛できないことを男性達のせいにするのをやめる、付き合った男性のせいにするのをやめる、母親のせいにするのをやめる、環境のせいにするのをやめる、といったことです。

なぜなら今の状況は、自分の選択の結果だからです。うまくいかない理由を周囲に探して、自らがリスクを取るのを先送りにしてきた結果が、今の状況だといえます。選択肢を自分で選び、自分の人生を歩む覚悟を決めましょう。

偶然のチャンスにめぐり合ったとき、それを「計画された偶然」として「運命」に変えられる人と、「ただの偶然」で終わらせてしまう人がいます。その違いは、ここで上げた5つを日頃から意識して行動できているかどうかにあるといえます。

ハッピーなチャンスを手にしたら、しっかりつかんで「計画された偶然」に育ててください。

男性を振り向かせる結婚戦略

男性の狩猟本能を刺激して距離を縮めながら、上手に追いかけさせる

男性は、目からの情報を一番信じやすいといわれています。実際、男性はいくつになっても目で恋をします。ですから、恋に落ちるには、女性の外見から入ることが最も多いはずです。しかも、男性の女性の見た目に対する好みは、意外とバラバラです。

「見た目」と「性格」がハマれば男性は恋に落ちる

今はグループアイドルが多いですが、ファンの多種多様な好みに対応できるぐらいのメンバーがいて、その中から推しメンが決まる感じですよね。かわいい系の女性を好きな男性もいれば、美人系の女性を好む男性もいます。ショートヘアの女性を好む男性もいれば、ロングヘアの女性を好む男性もいます。

男性の好みにハマるかハマらないかで女性のモテ度が変わるので、婚活女性には平均的にモテる外見作りをオススメしています。

もちろん、性格の好みもそれぞれあって、明るい性格の女性が好きな男性もいれば、落ち着いた雰囲気の性格の女性が好きな男性もいるでしょう。

つまり、「見た目」と「性格」の両方が、自分の好みに合致する女性と出会ったら、男性は一目惚れして恋に落ちる可能性が高いのです。

そして、男性は恋に前向きになっている時期とそうでない時期によって、出会いにも影響があります。特に仕事が忙しく、意識がそちらに向いているときは恋に対して鈍感です。そうした時期に見た目と性格が好みの女性に出会っても、恋に落ちない場合もあるかもしれません。**つまり、恋に落ちやすい時期にタイミング良く好みの女性に出会うと、男性は恋に落ちる確率が高いということですね。**

♥男性が恋に落ちる3つの要素

・見た目の好み
・性格の好み
・タイミング

この3つの要素がうまくかみ合ったときに、男性は恋に落ちます。ということは、「いいな」と思った男性がいたら、彼の好みの見た目と性格をリサーチして自己演出して、さらに、仕事やプライベートで忙殺されてない時期を見計らって接触することが、成功をつかむカギといえます。

積極的なアプローチで男性が引くことも

最近は「女性から告白しましょう！」とすすめる恋愛指南が多くなっていますが、私は、基本的にはこの意見に反対です。

男性は狩猟体質なので、女性が狩猟モードになることを本能的に歓迎しません。実際、自分から好きな男性に対して積極的に行動しすぎてうまくいかなくなり、後悔したことのある方もいるのではないでしょうか。まだそれほど親しくなっていないのに、女性から距離を詰めすぎることが、男性が引く理由です。**女性からのストレートすぎるアプローチは、男性を引かせてしまうので気をつけましょう。**

狩猟体質の男性は、追いかけられるよりも追いかけたほうが、その女性に夢中になってしまうものです。男性との距離を縮めながらも上手に追いかけさせることができれば、彼はあなたにどんどんハマっていきます。

男性が追いかけたくなるのは、適度に好意があるように見せてくれるのに、それ以上はあまりアプローチを仕掛けてこない女性です。

彼が「どういうつもりなんだろう?」と気になりはじめた頃に、少しずつ〝好きオーラ〟を出していきましょう。男性は基本的に、追われると逃げたくなる体質をもっていることを忘れずに、あまり積極的なアプローチをしすぎないようにしましょう。

自己紹介は相手と〝良い関係を築くための手段〟男性に好かれる完璧な自己紹介とは？

プライベートでも仕事でも、新しい出会いがある場面では「自己紹介」が必要になります。もちろん合コンや婚活など、恋愛においても同様です。

ところで、そもそも自己紹介は何のためにするのか、考えたことはありますか？

「自分を紹介するのが自己紹介の役割でしょう？」と思っているなら、それは間違いです。というのも、自己紹介はただ「自分を紹介するため」のものでも、「自分の良さをアピールするため」のものでもないからです。

「異性間コミュニケーション」が考える自己紹介とは、「その場にいる人と〝良い関係〟を築くための手段」です。もっとわかりやすくいうと、「相手と仲良くなるためのきっかけ」です。

自己紹介を自分のアピールではなく、「相手と仲良くなるためのきっかけ」ととらえると、自然と話すべき内容も変わってきます。

相手が変われば自己紹介も変わります。**つまり、自分が伝えたいことではなく、相手によって自己紹介の内容を変えていくことが、相手と良い関係を作るための自己紹介なのです。**

男性に好印象を与える自己紹介とは？

私が婚活セミナーでいつもレクチャーしている、自己紹介の組み立て方は次のとおりです。

♥①　挨拶をする

「おはようございます」「こんにちは」「こんばんは」などの挨拶を、男性向けに工夫してみましょう。男性は目で恋をしますから、表情や仕草で動きをつけましょう。相手の目を見て、笑顔で、顔の横で小さく手を振るなどすると可愛らしい表情に見えて印象が良くなります。

♥② 人柄をわかってもらう

婚活の自己紹介で自分の性格を伝えるとき、「気が強いところがあるけれど、甘えん坊です」など、短所と長所を組み合わせて伝えると印象に残るフレーズになります。自分の性格の長所と短所をそれぞれ3つずつ書き出して組み

気が強いところも
あるけど、実は
甘えん坊です！

合わせてみると、面白い表現が見つかるはずです。

♥③ 参加した動機を語る

婚活パーティーや合コンは、自分と合う相手を探すための場所です。間違っても「みんなと仲良くしたいです」なんて言わないこと。自分に合う相手を絞り込むための自己紹介をしましょう。

例えば「本が好きなので好きな本の話がしたいです」と伝えたら、本を読まない人は話しかけてこないですよね。「こんな人と話をしたい」と、出会いたい人の特徴を言葉にしてみてください。

♥④ 異性の好きなことで自分も好きなこと

男性になりきって、男性が好きな食べ物、好きな場所、好きなことを書き出してみましょう。例えば、焼き肉、居酒屋、海、山、車、釣りなど。20個ぐらい書き出すのが理想です。そして、男性が好きなシリーズとして書き出した内容で、自分も好きと思う内容に○をしていきましょう。その○がついたものを自己紹介で伝えると、相手が共感しやすい内容になるはずです。

自己紹介の内容で男性の反応が変わる

婚活パーティーのような初対面の男性がいる場所で声をかけられやすいのは、自己紹介が上手な女性です。

ここで、私が運営する婚活パーティーでの出来事を紹介します。年齢も見た目の雰囲気も近い二人の女性、春子さんと夏美さんが参加していました。

春子さんの自己紹介はこんな感じでした。

「私は甘いものが好きで、お休みの日はよくカフェめぐりをしています。家でもケーキやクッキーを焼いたりして、お友達にプレゼントしたりしています」

この自己紹介を男性が聞くと、「女性らしい」とは思っても、「カフェに興味ないし、あんまり接点がないな」で終わってしまうことがほとんどです。実際、男性の反応はイマイチでした。

一方、夏美さんの自己紹介はこんな感じでした。

「ラーメンが大好きです。さっぱり醤油系はもちろん、二郎系ラーメンも好きなんですが、なかなか一人では行きにくいので、一緒に行ってくれる人を募集中です」

夏美さんの自己紹介を聞いた男性たちは、その後こぞって「おすすめの二郎系ラーメンありますよ」「さっきラーメンの話をしてましたよね？　僕も好きなんですよ」と夏美さんに話しかけていました。そして、ラーメンの話をきっかけに、いろいろな話題で盛り上がったのです。

相手が話しかけやすい話題を盛り込むこと

もう、おわかりですよね。春子さんのは自分のアピールをする自己紹介だったのに対し、夏美さんは多くの男性が会話に参加できるように、ラーメンの話題を取り入れた自己紹介でした。

その場にいる全員の自己紹介が終わった段階で、「さっきの子となら話せそうだな」という好印象を残したのは夏美さんだったのです。

その場にいる人と〝いい関係〟を築くための手段と考えれば、自分のＰＲだけで終わってしまうよりも、相手が楽しく参加できるような話題を提供するのがベストですよね。

Let's Try the Work.

相手に好印象を残す自己紹介の作り方

❶ まず紙とペンを用意します。男性が好きな食べ物、好きな場所、好きなことを、思いつく限り書き出しましょう。時間は、5分くらいが目安です。

❷ 書き終わったら、書いた内容を眺めて、自分も一緒に楽しめそうなものに○をつけます（例：ラーメンなど）。

❸ ○をつけたことについて男性向けの自己紹介でふれると、男性が話しかけるきっかけを作りやすくなります。

会話は女性がリードするほうがうまくいく 質問して、相手の価値観などを聞き出す

ずばり！　会話をリードできる女性はモテます。40代以上の女性は、男性があらゆることをリードするものだと思いがちですが、特に会話に関しては女性が主導権をにぎったほうがうまくいきます。**会話をリードできる女性は希少だからこそモテるのです。**

上手にリードしてくれる女性は、多忙な男性や、恋愛に不慣れな男性にとってはありがたい存在です。

男女の性質として、女性のほうが「相手を理解する能力」「相手の心情を察する能力」に長けています。諸説ありますが、言葉が話せない赤ちゃんのお世話をするために備わっている能力といわれています。

そして会話力は、知識とテクニックで補えるものなので、学んで実践すれば誰でも身につけることができます。

会話をリードするコツは次の2つです。

♥①話題を提供する

会話をするには話題が必要ですね。人間の頭の中には約24時間の話題のストックがあるとされていて、その中からどの話題をチョイスするかで面白い話になるかどうかが決まります。

おすすめは「体験談」です。お笑い芸人のトークのほとんどが体験談から展開していますよね。旅行、仕事、些細な出来事など、毎日の生活で体験することが話題のネタになります。面白いことがあったら手帳にメモするのもいいですね。

♥②質問をする

相手に質問をして、話してもらうことで会話を広げましょう。

このときに大事なのが「相づち」です。**相づちで大事なのはリアクションで、普段の1・5倍ぐらい大げさに反応するぐらいが、相手から見るとちょうどいいと感じるのです。**

首を上下させてうなずく赤べこのようなうなずきは、相手が自分の話を楽しんでくれていると認識するので、より話しやすくなります。

会話をリードして相手の情報を引き出す

質問するというと、「いつ」「どこで」「誰と」というように、情報を求めるものになりがちです。けれど、情報を求める質問ばかりされると、相手はまるで尋問されているような気分になってしまって、楽しくありません。

例えば「休みの日はよく映画を見にいくよ」と相手が言ったら、「ポップコーンは買う？　私はぜったいにキャラメル味を買っちゃうの」や「私は、最近は家でNetflixが多いけど、映画館で見るのもいいよね」など、相手の頭に映像が浮かぶような会話をするのがおすすめです。

こうして女性が会話をリードすることで、相手の価値観や好みなどの情報をたくさん引き出すことができます。これらの情報は、結婚相手を見つけるよいヒントになりますよ。

男性に「また会いたい」と思わせる最強のデートマナーとは？

「自然に出会いたいのですが、どこで出会えばいいですか？」と聞かれることがあります。ですが、必要なのは出会いの機会というより、「よく知らない人と楽しく雑談できる程度のコミュニケーション力」と、「異性として好印象をもたれるレベルの容姿」です。

容姿については後述しますが、最強のデートマナーを身につけることで、出会いからお付き合いに進化させることができます。

男性のエスコートを最大限に楽しむ

女性にとってデートでまず重要なのは、「自分が楽しむことに徹する」ことです。男性のエスコートを素直かつ大げさに楽しみましょう。あなたが喜ぶことがおもてなしになります。

「ありがとう」「おいしい」「うれしい」と言葉にして、さらに大きめなリアクションをつけて表現しましょう。それで男性はやりがいを感じて、もっといろいろなところに連れて行ってあげたい、もっと楽しませてあげたいと思うようになります。

常に受け身である必要もありません。「○○してくれるとうれしいな」「あなたと○○に行きたいな」のように、相手の負担にならない程度のリクエストをすると、男性は頼られたことがうれしくて、あなたの望みを叶えてあげたいと思って行動してくれます。

お付き合い前のデートは3回まで

婚活では、お付き合いしていない状態でデートをする期間があります。相手を見極めるためのデートですね。それをずるずる長引かせてはいけません。**私は婚活でお付き合いをする前のデートは3回まで！　と伝えています。**これを「スリーセット理論」といいます。

初対面からお付き合いするまでは、おおよそ次のように進みます。

♥初対面：お見合い、合コン、婚活パーティーなど

最も大事なのが第一印象です。特に外見から好みや人柄を把握して、

次に表情やしぐさ、会話の内容などから相手の印象を決める段階です。

ここで悪い印象を与えてしまうと次に会うことが難しくなってしまいますから、笑顔で感じの良い人であることを心がけましょう。

初対面では、まずは「見た目の好印象」を心がけてください。

♥最初のデート

第一印象が良かったので、マンツーマンで会ってみたいと思う段階です。その印象の確認のために会うことになります。

ただし、初対面のときは、いつもより見た目や話し方などを意識してとても気合いを入れているので、2回目の印象は初対面の3割減ぐらいになるのが通常です。

そして、まだお互いをわかっていない段階なので、長時間一緒にいるのは避けたほうがいいでしょう。**イベントを含めたデートでトータル4～5時間ぐらいがおすすめです。**

映画を見に行く、水族館に行く、美術館に行くなど共通の体験をして、食事をしながらその感想を伝え合って、また次に会う約束をする。このぐらいが会話も弾んで、お互いに名残惜しい気持ちにもなるので、また会う約束をするのにちょうどいいでしょう。

♥2回目、3回目のデート

こうして3回目ぐらいになると、「実は……」といった深い話をしたくなる段階になります。夕食やお酒が入ったデートがいいでしょう。食事をしながら2時間くらい話せるのがちょうどいいですね。

この段階ではなんとなくお互いに好意の確認がしたくなっているので、ここで相手との今後の進展を決めていきましょう。恋人としてお付き合いをするのか、友達として続けるのか、もう会わないのかを決断します。

お付き合いしたいなら、このタイミングで「お付き合いしますか？」の意思確認をしましょう。仮に友達としてスタートしても、何度も会うことで相手の警戒心が薄れていき、好意をもちやすくなる単純接触効果があることも期待できます。

気が合わないなどマイナスな印象があるなら、40代以上の婚活は時間がありませんから、このタイミングでスパッと縁を切ることを選択してください。

言葉の暴力をふるう男性は選ばないこと　精神的に安定している男性が理想的

脳への言葉の刷り込みが無意識の行動に表れることをご存じですか？　恋人から**「おまえはダメなヤツだ」「おまえには無理だ」と言われ続けたら、本人も「自分には無理」と思うようになります。**何度も反復して耳から入ってきた言葉が脳に刷り込まれるからです。

こうして、やりたいことがあってもすぐにあきらめてしまったり、何事にも無気力になってしまう習慣がつきます。その積み重ねによって、本当に自分を「何をやってもダメな人間」に作り上げてしまうのです。

しかも、刷り込まれるのは他人からの言葉だけではありません。「私には無理」「どうせうまくいかない」といった口ぐせがあると、自分が発した言葉が耳からの情報として取り込まれて、脳に刷り込まれます。

私の師匠の医学理学農学博士の故・佐藤富雄先生の口ぐせ理論では、「脳は真実と嘘の区別がつかない」「人間の脳は、耳から入ってくる情報をすべて本当のことだと思い込む」と説明しています。

そのため、あなたが本当にダメな人間だという根拠が何一つなかったとしても、言葉を通して「それは本当だ」と受け止めてしまうのです。しかも、一定期間にわたって繰り返し取り込まれた情報は、脳の奥にしっかりと根をおろします。

そして、その情報は、行動・言葉・表情に表れてしまうので、暴言を吐く相手に対して、自信がないオドオド、ビクビクとした態度をとるようになってしまうのです。

刷り込まれた言葉を客観的に知る

あなたがもし自分を変えたいと思っているなら、今この瞬間から新たな刷り込みをはじめましょう。自分を褒めたり、鼓舞する言葉をどんどん使って、消えかけた自尊心を取り戻しましょう。「自分には価値がある」と自分自身を認める言葉を使いましょう。決して自分にネガティブな評価をしないと心に決めてください。

まずは、次の質問に対する答えを書き出しましょう。

・どんな言葉に敏感ですか？
・どんな言葉に心が揺さぶられて、感情的になりますか？
・どんな言葉に束縛されていると感じますか？
・どんな言葉を、自分にかけられて当然だと思っていますか？
・どんな言葉を普段から口にしていますか？

・どんな言葉を欲していますか？

これらの質問への答えを客観的に見つめてください。それができたら、あとはその言葉への反応を根気よく変えていくだけです。言葉の主導権を自分がにぎることで、主体性の土台を固めていきましょう。

自分で決断することへの恐怖心を捨てる

自尊心が低い人の多くは、自分で決めることに恐怖心をもっています。「怒られたらどうしよう」「うまくいかなかったらどうしよう」「批判されるのが怖い」など。そのため、どうしても他人の基準に合わせて選んでしまうのです。

自分の本音を押し殺しているために、自尊心が上がらないことに気づきましょう。**主体性を取り戻していくということは、自分の本音と向き合い、認め、実現化していくことです。**小さなことからでいいので、自分が決めたことを実際の行動に移していきましょう。

・レストランで自分が食べたいメニューを選ぶ
・朝5時に起きて好きな本を読む
・目標体重を決めてダイエット計画を立てる

小さな「できた」を積み重ねることが、自尊心を高める一歩になります。

精神的に安定している男性を選ぶこと

では、一緒にいると自然と自己肯定感が上がる男性とは、どんな人でしょう。

・行動で愛を示してくれる
・いつも褒めてくれる

・好きという言葉を惜しまない
・ドキドキよりも心地よさがある
・どんなときも味方でいてくれる
・不安にさせない努力をしてくれる
・真剣に二人の将来の話をしてくれる
・一緒に寝るとぐっすり眠れる

まとめると、安心感と愛され感を与えてくれる男性と一緒にいると、自己肯定感が上がるようです。夫にするには、自分の負の感情を相手にぶつけない、メンタルが安定している男性が一番いいと思います。こういう男性を見

つけたら絶対に手放さないようにしましょう。

理想の男性像はいろいろありますが、最終的には「精神状態が安定した男性」が、長い結婚生活の相手として最強です。モラハラ気質がある感情の起伏が激しい男性といると、自己肯定感が削られて、自信をどんどん失います。

あなたを大切にしてくれない人を選ぶ必要はありません。

第4章

大人女性は“自分磨き”で結婚できる

40代以上の婚活女性はマイナス15歳の見た目を目指そう

40代以上は、生き方がそのまま顔に映し出されるといいますが、大人女性の場合、女性としての魅力を自分で封じ込めている傾向があります。

容姿にコンプレックスがある女性は、婚活はもちろん、何をするにも自信がもてず、自分のことが好きではないものです。

私の師匠の故・佐藤富雄先生の教えにも、「女性の自信の源は容姿（脳活性化の80%）」とあるぐらい、女性にとって「容姿への自信」は大事な要素なのです。

女性は誰でも自分らしい美しさを手に入れられる

私は、婚活の仕事を通じてさまざまな立場の男性にリサーチした結果、女性の顔に「ブス」という概念はないという結論に行き着きました。

「ブス」と呼ばれやすいのは、「著しい欠点がある」か「地味」かです。つまり、顔立ちに「著しい欠点がある」か「地味」か。体型に「著しい欠点がある」か「地味」か。性格に「著しい欠点がある」か「地味」か。

ということは、著しい欠点と地味さをどうにかすれば、女性はみんな、自分らしい美しさを手に入れられるのです。

特に「地味」だと老けて見えます。第一印象が実年齢より上に見えた時点で、婚活には失敗する可能性が高くなります。

さらにいえば、婚活女性は実年齢どおりに見えるのもマイナスです。**厳しいようですが、実年齢より5～15歳ぐらい若く見えるのが、婚活で成功する必須条件です。**

「え～?」という声が聞こえてきそうですが、大丈夫! 顔には「メイク」がありま す。体型には「ダイエット」があります。性格には「内面磨き」があります。

要は、美しくなる努力しましょう、ということです。女性は努力をすれば必ず美しくなりますし、自分が最も輝く美しい顔は自分で作れます。

やりすぎて毒々しくならないように

ヘアメイク、アンチエイジング、ダイエットは、女性としての自分をより良くプレゼンするためのツールです。とはいえ、ガツガツと美容に傾倒しすぎると、厚化粧をしてミニスカートをはいてと、毒々しくなることがあります。

大人女性の魅力は、外見と内面のバランスがとれたナチュラルビューティーです。女性である自分（素材）を活かして、自分が納得できる心地よい外見と内面を追究してみましょう。

あなたが一番素敵に見えるメイクは？　あなたが一番素敵に見えるファッションは？　あなたが一番素敵に見えるボディバランスは？　しっかり自分の「女性の魅力開花」に取り組んでみましょう。

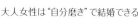

19 メイクと髪、歯の手入れを万全にするだけで見違えるほど美しくなる

あなたはメイクの技術に自信がありますか？　もしかすると、20代や30代で学んだメイクの仕方に、しがみついていないでしょうか？

残念ながら自己流でメイクしている人が多く、魅力的ではない顔に仕上がっている女性が多いようです。**できるなら一度、自分に最も似合うメイク法をプロに習ってください。**

これまで、自分の顔に似合うメイクを身につけて、どんどん輝いていく婚活女性をたくさん見てきました。自分の目鼻立ちを最高に輝かせるメイクやヘアスタイルを見つけることをおすすめします。

男性はベビーフェイスが好き

参考までに、男性が好む顔立ちについてお伝えします。それはベビーフェイスで、赤ちゃんのような顔立ちです。ベビーフェイスは「守ってあげたい」心理を膨らませるので、男性からモテやすく、好意を抱かれやすい顔立ちなのです。

ベビーフェイスの作り方で大事なのは肌です。肌は若さのバロメーターなので、モチモチしたツヤ肌であればだいぶ若見えするはず。

まずは「シワ、シミ、たるみ」をくいとめる努力をしましょう。私は美容コンサルタントもしていますが、モチモチしたツヤ肌なので、マイナス10歳に見られます。肌のお手入れのコツは絶対にこすらないこと。コロコロローラーなんて言語道断！　手のひらで優しく美容液やクリームをのせるようにしましょう。

ツヤ肌になるお手入れ法を知りたい方は、私が無料で主催している「かわいくなるオンライン小顔会」にいらしてください。

ベビーフェイスになるメイク法をご紹介すると、ツヤ肌の土台があるからメイクも映えることを前提に、ファンデーションの厚塗りはしないこと。そして、目がやや大きく見えるようにアイラインをひいてマスカラをつけます。ちなみに40代以上は、まつげエクステンションとカラーコンタクトはやめましょう。やりすぎてイタイ若作りに見えてしまいます。

口もやや大きく見えるように、ぷるんとしたリップやグロスを塗って際立たせます。仕上げは鼻を小さく

こぶりに見せるために薄くノーズシャドウを入れて、フェイスラインにシェーディングをします。これで目と口のパーツが目立ち、鼻とフェイスラインが小さくなってベビーフェイスになります。

髪や歯も手を抜かないこと

髪形は顔の「額縁」です。髪型次第で顔の印象がガラリと変わります。

男性はロングでもショートでも、本人に似合っていれば「かわいい」と思うものです。**信頼できる美容師さんに相談して、一番似合う髪型に変身させてもらいましょう。**

40代以上は、似合う髪型に加えてヘアケアも大事です。ツヤのある髪はそれだけで若見えしますから、パサついたり薄毛になったりしないようにケアをしましょう。

そして、白髪は絶対にダメ！　ものすごく老けて見えてしまうので、こまめにカラーリングしてください。

最後に忘れてはいけないのが「歯」です。いくらメイクが完璧でファッションがイケていても、会話をしているときや笑ったときに見える歯がガタガタだったり、すごく黄ばんでいたら台なしです。

歯並びがきれいな美しい笑顔は、どんな男性をも魅了する力があります。

お金をかけるなら、目や鼻の整形をするより歯列矯正や歯のクリーニングをおすすめします。

男性を惹きつける魅力的な女性のボディラインとは？

40代以上の女性が男性とお付き合いするとき、最も不安に感じるのが、「女性としての魅力に自信がない」ことです。若い頃に比べてどんどん衰えていく容姿に戸惑い、思わず美容整形を検索してしまった女性はたくさんいるはずです。

でも、どんなものでも時が過ぎれば経年劣化しますから、衰えるのは当たり前なのです。女性として生まれて、年齢で悩み苦しむなんて、本当にもったいないと思います。

40代以上の女性は「清楚なのにセクシー」な路線が最も若見えします。ここで気をつけなければならないのは、安っぽい色気にならないようにすること。男性に媚びるのではなく、優しくて上品な雰囲気をまとうことです。

ちなみに男性は、細すぎる女性はあまり好きではありません。9号か11号の洋服が入ればOKです。40代以上になると更年期もあいまって体重が重くなり、体型に悩むようになりますが、婚活しているなら体重よりもボディラインに気を配ってください。

男性が好きな女性のボディパーツ

男性が好きなボディパーツは、こんな感じです。

・脚：太すぎず細すぎず、でも足首は細く
・胸：大きすぎず小さすぎず、いわゆる美乳
・腰：ウエストからお尻のラインがキレイ
・お尻：大きくても小さくてもいいから垂れていない

男性は目で恋をしますから、このような条件を備えた女性には、自然と目が行きます。

黄金比率のボディを目指す

男性にとって、くびれがある「ひょうたんボディ」の女性は、魅力的に映ります。どんなくびれが理想的なのかというと、「ボディラインの黄金比率」というものがあります。別名、「モテるくびれ比率」といって、万国共通で男性が好む女性の体型です。

それは、ウエスト÷ヒップ＝０・７という数式で表されます。「０・７」という数字が黄金比率です。例えば、ヒップが90㎝の人なら、ウエストは63㎝（90×０・７＝63）が黄金比率のサイズということです。

今すぐメジャーを出して、ウエストとヒップを測ってみてください。

いかかですか？　黄金比率から離れていたら、体重を減らすよりもウエストを引き締める努力をしてください。**いくつになってもメリハリが男性を引きつけて若く見えるモテボディなのです。**

このようにモテる美しさをお伝えしましたが、気をつけてほしいのが、下着のボディスーツで人工的にくびれを作ったり、今の若者がやっているメイクをそのまま真似たりすること。これはイタイ若作りになってしまいます。

あくまで自分で鍛えたくびれと、ファンデーションに頼らない引き算メイクが、「清楚なのにセクシー」の若見えです。

地味すぎるファッションは絶対にNG 自分を「花」に見せる工夫をする

男性が女性を見たとき、好みか好みじゃないかの判断は、①白黒映像、②カラー映像、③3D映像、この3つで決まります。

まず白黒映像に見えたら、全然好みではないということ。カラー映像は好印象で、「かわいいな」「明るそうだな」「優しそうだな」などポジティブな印象をもつことです。

そして、3D映像のように浮き上がって見えたら、それは一目惚れです。男性が一目惚れするとき、その女性だけが浮き上がって見えているのです。

一目惚れはお付き合いのスタートに結びつきます。とはいえ、すべての男性に一目惚れされるのは大変なので、まずはカラー映像で見てもらえるように、好印象に見えるファッションを身につけましょう。そうすれば、大多数の男性から好かれやすくなります。

男性と女性では「かわいい」ファッションが違う

好印象に見えるファッションで知っておきたいのは、女性の思う「かわいい」と男性が思う「かわいい」には違いがあるということです。

女性が自分をかわいくしようとすると「ゆるふわ系」「フェミニン系」を目指そうとしますが、実はこれ、男性の好みとちょっとずれているんですよ。

男性目線でのかわいいは「透明感と清潔感」です。透明感とは「肌が白く透明なこと。男性がスッピン好きなのはこれが理由です。

肌以外では「髪」も透明感には重要です。できれば黒髪がいいですね。黒髪は肌の白さを際立たせて、いっそう透明感が強調されます。

ただし、40代以上の女性にとって、清潔感と地味は紙一重ですから、そこは注意が必要です。**ファッションは必ず透明感を意識してください。**そうすることで地味にならずにすみます。

ファッションの色は、男性が好む素材や色使いを意識して選びましょう。**清潔感を演出するには「白」がおすすめ。白シャツ、白ワンピ、白コートなどです。**

くすんだ色合いはどうしても地味になって清潔感が消えるので、婚活パーティーや合コン、デートなどで着るのは避け

たほうがいいですね。

ファッションを変えると男性の態度が変わる

たまにはカラダのラインが見えるピタッとしたニットを着たりして、男性をドキドキさせるのもいいでしょう。首、手首、足首、くびれ、など、「くび」と呼ばれる部分を露出すると、女性らしい華奢な感じを演出できます。

ファッションを変えると男性からの扱いが変わります。「洋服を着替えるだけで、こんなに違うものなの？」と、きっと自分でも笑ってしまうほどです。**男性からの扱いが変わると、自分の中に自信も生まれます。**

「下品な服装は服だけが目につき、上品な服装は女を引き立たせる」という名言を残したのは20世紀を代表するデザイナー、ココ・シャネルですが、ファッションによってどんなふうにも見せ方を変えることができるのは、女性の特権ではないでしょうか。

年齢を重ねると体型や容姿が変化しますから、似合うファッションも自然と変化していくものです。その変化を受け止めながら、地味にならないよう、似合うファッションを意識することを楽しんでください。

婚活女性におすすめしたいのが、元ジュリアナクイーン荒木久美子さんのショップ「婚活ファッション専門店アプレ・ガール」です。上半身を演出するブラウスやニットなど、かわいらしい華やかなデザインが豊富です。ワンピースもおすすめ。興味がある方は一度、のぞいてみてください。

40代女性が陥りやすい非モテファッションとは？男性が好むファッションで魅力を増そう

男性が、40代以上の女性にやめてほしいと思うファッションがあります。それは、次のようなものです。あなたも思い当たるファッションをしていませんか？

♥①リボン、レース、フリルいっぱいのガーリーファッション

ブリッコ系は若いときには良くても、40代にはイタイですし、精神年齢が低そうに見えます。甘すぎるガーリーファッションは若作り感や、頭が悪そうな雰囲気が出てしまうので避けましょう。

♥②露出過剰やボディラインを強調しすぎるセクシー系

女である自分を過剰にアピールしすぎると、いくらスタイルが良くても下品に見えます。男性はセクシーは好きですが、40代以上でオフショルダーやミニスカ生足はやりすぎです。スカートのスリットや少し深目のVネックなど、ほど良いセクシーさを演出しましょう。

♥③ゆったりオーバーサイズの体型カバー重視

40代以上のゆるんだボディラインを隠そうと、ついゆったりした服を選んでしまいがちです。でも、お腹やお尻を隠すデザインはオバサンにしか見えません。上下ともにダボッとした服装は野暮ったくて老けて見えると、男性からはまったく支持されないようです。

♥④ベージュ、カーキ、グレー等の地味なアースカラー

40代になると安心できる地味色に落ち着きがちです。しかし、くすんだカラーを着ると、顔色が汚く疲れて見えます。男性は派手な色を着てほしいわけではなく、白系のキレイな色を着てほしいという声が多いです。

男性が好印象をもつ女性のファッション

一歩間違えると若作りかオバサンに転んでしまうのが、40代女性のファッションのようです。ポイントをまとめると、次の3つになるでしょう。

①若作りや下品に見えるファッションは避ける
②地味で無難なファッションをしない
③体型や欠点を隠すとオバサン感が増す

40代以上のモテファッションの絶対条件は透明感と清潔感ですが、そこに上品さと

セクシーさも追加できたら最強です。
そのように見せるポイントはいくつかあります。

まずは男性があまり着ない色を選ぶこと。わかりやすくいえば、パステルカラーなど白がたくさん加わった色です。白系の洋服はレフ板効果も得られて顔立ちが明るく見えるので、好印象をもたれやすくなります。

自分に似合う白系の洋服の選び方ですが、かわいい系の女性は暖色系、さわやか系の女性は寒色系のトップスにすると魅力が引き立つでしょう。

セクシーを加えるとしたら赤がおすすめです。赤は性的魅力が増す色とされているので、勝負したいときに赤い洋服を着ていくと成就しやすいといわれています。

素材も、男性が着ないものを選びましょう。ふわふわ、テロテロ、キラキラ、スケスケの素材。男性が着ると違和感を感じますが、女性が着るとかわいい、明るい、色っぽい印象を与えられる素材です。

ファッションのスタイルで王道なのは、スカート、ワンピース、ハイヒールです。これは記号として「女性」を表す形です。公衆トイレのマークを思い出してください。目で恋をする男性としては、わかりやすい形で現れてもらえると「女性」とはっきり認識できるので、好印象をもちやすいのです。

婚活では（もちろんＴＰＯに合わせてですが）、スカート、ワンピース、ハイヒール以外を着る必要がないといっても過言ではありません。

自分に似合う白系のトップスとスカート、またはワンピースで、ふわふわ、テロテロ、キラキラ、スケスケ素材を活かした女性らしいファッションを身にまとえば、間違いなく男性に好印象を与えられます。

男性から好かれるために「顔」「肌」「スタイル」に磨きをかける

キレイになるための正しい努力は、①顔、②肌、③スタイルの順番です。

男性目線を意識してキレイを目指すなら、この順番を守ることが大事です。キレイの努力は顔からスタート。男性に「かわいい！」「キレイだ！」と思わせるような顔になることを目指しましょう。

ここで間違えないでほしいのは、顔のパーツが美しく整っていることが大事なのではなく、男性の好み（フェチ）にヒットするのが重要だということ。

気になる男性に、「好きな女優やアイドルは？」、さらに「高校生のときに好きだった女優やアイドルは？」と聞いてください。そこで名前が上がった芸能人を見比べてみましょう。必ずといっていいほど容姿に共通点があるはずです。例えば、目がパッチリしている、髪が長くてサラサラしている、などです。

それがその男性の好みだということですから、この共通点に自分の容姿を寄せていくと、気になる男性から好きになってもらえる確率が上がります。

顔周りをキラキラさせる

顔周りをキラキラ光らせると男性から注目されやすくなります。 簡単なのがアクセサリーですね。やりすぎはダメですが、さりげなくキラキラさせると顔が輝いて見えます。

耳にイヤリング、首にネックレス、髪にヘアアクセサリーや帽子。メイクだったら、自分のチャームポイントを光らせましょう。目がチャームポイントであれば、ラメ入りのアイシャドーを塗る。唇ならグロスをしっかり塗るなど。

そして仕上げは表情の動き「笑顔」です。

これまでにもお話ししましたが、男性が女性を見るとき、一番最初に目線を運ぶのは顔です。**男性は顔が好みだったら、その瞬間に無条件で一目惚れをします。それぐらい最強の武器が、あなたのかわいらしい顔なのです。**

男性は女性をパッと見て「かわいいな」「きれいだな」と感じると、その後の印象もそのままほとんど変わりません。究極なことをいえば、顔が好みであれば性格の良し悪しは問わないし、自分の側に顔が好みの女性がいてくれるだけで幸せだと感じる男性はとても多いのです。

最初の一瞬、目に飛び込む「かわいい！」「キレイだ！」の好印象インパクトはとても大事なのです。40代以上の女性は、①顔、②肌、③スタイルのすべてが経年劣化で衰えてくるものですが、結婚するための最優先事項として、ここに書いたとおりに自分磨きに励んでください。

Column

「異性間コミュニケーション」を学ぶと異性との関係が円滑になる

「異性間コミュニケーション」は、男女の違いを体系化したメソッドです。男女が性別による違いを理解して認め合えば、「どうしてわかってくれないの？」というストレスが減って、人間関係が円滑になります。

私たちは物心ついたときからずっと、「自分がされてうれしいことを、相手にもしてあげましょう」「自分のしてほしくないことは、相手にもしてはいけません」と教えられて育ちます。一見、反論の余地などなさそうに見えるこの考え方、本当に正しいのでしょうか？

結論をいえば、この考え方は半分だけ合っています。同性同士であれば、この道徳は機能するのです。

ところが、対象が異性となると、状況はまったく違ってきます。**「自分がしてほしいことが、異性がしてほしいこととは限らない」。これが、異性間コミュニケーションの大きな柱です。**

「異性間コミュニケーション」を学ぶと、異性の特性や考え方がわかって、「異性がしてほしいことを、異性の立場を考えて行動できる」ようになります。すでに延べ５万人の方が受講され、生活に役立てています。

第5章

初婚、再婚、シングルマザー婚…成功の秘訣

24 モテない男性は宝の山かも？　教育すれば〝いい男〟に変身する

モテない男性のイメージとは、どんなものでしょうか？

・無表情
・会話が続かない
・自分の自慢話をする
・マニアックな趣味の話が好き
・無反応
・空気が読めない

・エスコートなし
・服装がダサイ
・歩き方がいかつい
・飲食店がデート向きでない
・食べ方のマナーを知らない

こうして羅列してみると、確かにつまらなそうですし、付き合いたいとはまったく思いませんよね。**でも、もしかしたら、単純に恋愛の経験値が低くて「知らないからできない」のかもしれません。**中高一貫の男子校出身で、人と関わらない研究職などの仕事をしている理系男性には、こういうタイプが多いのです。

もちろん、男性の性格的な部分や、本質な部分がダメなら我慢をする必要はありません。でも、単に経験不足である場合は、あなたが彼に教えればいいと思いませんか？

私はこれを「逆光源氏作戦」とか「逆マイフェアレディ作戦」と呼んでいます。

モテない男性は、教育次第で素敵な彼氏に変化します。これまでの経験が少ないゆえに、素直に、あなたの願望を叶えようとしてくれるのです。一緒にいろんな経験を積むことで、どんどん距離が近くなり、結婚に向けて加速していくでしょう。

作戦を実行する場合は、決して上から目線ではなく、笑顔で「こうしてくれたら、うれしいな」「こうだったら、楽しいな」と要望を伝えることがコツです。

しかも40代以上のモテない男性は、「これを逃したら次はない」と思っていますから、付き合ってわりとすぐに結婚をほのめかします。**つまり、いわゆるモテない男性は、すぐ結婚したいと思っている40代以上の女性には超おすすめの物件なのです。**

モテない男性は浮気をする確率も低い

恋愛対象になりやすい女性慣れしている男性は、たくさんの女性と付き合ってきているることが多いですよね？　スマートな振る舞いはモテる男性の象徴ですし、もしかしたら、結婚してからもモテ続ける可能性も大です。

それに引き替えモテない男性は、比べられる女性対象がいないので気が楽ですし、浮気しない確率も高いでしょう。なぜならモテない男性は、これまでモテなかったからこそ、自分を愛してくれる女性に一途なタイプと、女性にあまり興味がないタイプにわかれるからです。

いずれにせよ、浮気の心配がないのは結婚相手として重要な要素です。人生経験が豊富な40代以上の女性なら、戦略的にモテない男性も結婚相手の候補に入れることができると思いますよ。

離婚経験者が再婚活するには、冷静に振り返り、前向きにとらえること

令和3年に発表された厚生労働省の「人口動態調査」によると、1年間に婚姻したカップルのうち26・0％が「どちらかもしくは両方とも再婚」です。結婚したカップルのうち約4組に1組は再婚ということです。

この数値からもわかるとおり、再婚はもはや珍しいことではなくなっています。結婚する人全体の中での再婚者の割合は、男性19・1％、女性16・6％。男性のほうが再婚者の割合は多いのです。

バツイチ女性の多くは、結婚に失敗した自分を好きになってくれる人はいるのだろうかと不安に思うようですが、実は多くの男性がバツイチ女性に魅力を感じています。

結婚経験があることが、「誰かに結婚する決断をさせた、魅力ある女性」の証明になるからです。

バツイチ女性の魅力を上げると、次のようになります。

♥①大人の余裕がある

バツイチの女性は離婚という辛い経験をしているために包容力があり、そこに大人の余裕を感じる男性が多くいます。初婚女性よりも結婚に必死になっている印象もなく、落ち着いた付き合いができそうなのも魅力です。

♥②家庭的なイメージ

バツイチ女性に対して、料理や洗濯などの家事全般をそつなくこなせる「家庭的」なイメージをもつ男性も少なくありません。最近では家事の分担が当たり前ですが、女性に家事能力を期待する男性はまだまだ多いのが現状です。**男性にとっては家事が**

こなせるイメージのあるバツイチ女性は非常に魅力的です。

それに、結婚生活の経験があるからこそ現実的な結婚観をもっており、良い意味で結婚に夢を見すぎていません。**バツイチ女性は華やかな暮らしに憧れるよりも、日常の中のささやかな幸せや安心を感じたい女性が多く、その謙虚さが男性にとっては大きな魅力なのです。**

♥③ 現実的であること

結婚経験のない独身女性は、結婚

生活に夢を見がちです。理想の結婚式を挙げて、希望が詰まった新居に住むなど、憧れの結婚生活を想像します。**しかし、バツイチ女性は現実的なお金のかけどころがわかっているので、安心して家計を任せることができると男性は思っています。**

このようにバツイチ女性にはたくさんの魅力がありますが、男性はまだまだ若い未婚女性を好む傾向があります。バツイチ女性が結婚相手として考えてもらうには、よりいっそうの努力が必要です。

本気で再婚したいと思うなら、過去の結婚について冷静に振り返る必要があります。辛い記憶を甦らせてしまうかもしれませんが、そこからの教訓を前向きに活かすことで再婚活がスムーズになるでしょう。

離婚経験は早めに伝えたほうがいい

初婚女性と肩を並べて婚活していると、離婚経験があることを引け目に感じてしまうことがあるかもしれません。けれど、マイナスに考えすぎると自己嫌悪に呑まれて、必要以上に卑屈になってしまいます。一刻も早くそこから抜け出してください。

男性は明るく優しい女性に惹かれるものです。**離婚経験を魅力と考えてくれる男性が増えていますから、その経験は成長だとプラスに考えましょう。**

そして、相手の男性にはバツイチであることを隠さないほうがいいでしょう。先延ばしにすればするほど、告白するタイミングが難しくなってしまうものです。

あとから「実は……」と打ち明けられると、他にも嘘をついていたり、隠し事があったりするのではないかと、相手を不安にさせます。最初から隠さずにバツイチであると伝えたほうがトラブルにもなりにくいですし、誠実な印象を与えられるでしょう。

また、離婚の原因が100%男性側にあったとしても、元夫の悪口や愚痴は言わないようにしてください。離婚原因を聞かれても理由は正直に話しつつ、「私ができることがあったのかもしれない」「私も反省している」など、自分にも直すべき部分があったように伝えましょう。**さらに、離婚経験があるからこそ、次はこういう家庭を築きたいと建設的な話をすると、相手からの印象もいっそう良くなるはずです。**

26 シングルマザーの婚活は、歪んだ性欲の男性にくれぐれも注意を

最近はシングルマザーの婚活者も増えています。お子さんがいると、自分一人の思いだけでは決められない部分があり、どうしても二の足を踏む人が多いようです。それでも、素敵なお相手と出会い、再婚する方もいらっしゃいます。

では、どんな男性ならシングルマザーと結婚できるのでしょうか？　シングルマザーを好きになる男性の特徴を知っておくと、婚活での出会いのコツがわかります。

♥①　離婚経験がある

離婚経験がある男性はシングルマザーの女性をお互いさまと考えて、受け入れる傾向があります。価値観や考え方が似ているため、新しく生活を立て直そうと頑張るシングルマザーの姿に共感するのだと思います。

❤②過去にこだわらない

シングルマザーは過去のことや子どもの存在が気になってしまいがち。でも、生きていれば失敗もするものです。失敗しない人などいません。過去よりも今のあなたを見て魅力的に思ってくれる男性は必ずいます。

シングルマザーと結婚を考える男性が相手を魅力的に感じるのは、このような部分です。

・女性としてタイプ
・育児と仕事に頑張っている姿

・精神的に大人で包容力がある
・支えてあげたい

シングルマザーと結婚を考える男性の心理は、ポジティブな恋心からはじまることがほとんどです。**ですから、シングルマザーだからといって男性に申し訳なさを感じる必要はまったくありません。自信をもって大丈夫です。**

しかし、マイナスな面も多いのがシングルマザーの婚活です。子どもを一人で育てなければいけないというプレッシャーや精神的に不安定な心理につけ込んで近づいてくる男性もいるので要注意です。

すぐに恋愛や性の体験を聞いてくる男には注意

身体目当てで狙ってくる男も多いので、注意しましょう。こうした男性は、「シングルマザーは子育てが大変で男に飢えている」「子ども好きをアピールすれば簡単に心も身体も許してくれる」「最終的には子どもを理由に『付き合えない』と言って断ればいいから割り切って遊べる」などと考えています。

こういう男を見極めるコツは、知り合ってすぐに恋愛経験や性体験を聞いてくるかどうかです。

例えば、こんな質問です。「最後にキスしたのは?」「経験人数は?」「付き合う前にしたことある?」。これらの質問で、すぐに身体の関係になれるかどうかを判断しようとしているのです。

結婚に真剣な男性なら、女性に嫌われるかもしれない質問を連発するようなことはしません。相手が本当に結婚に適した男性か、しっかりと見極めるようにしましょう。

子ども狙いのロリコン男には気をつけて

シングルマザー婚活の、もう一つのマイナス面をあえてお伝えします。

物価高やコロナの影響もあり、シングルマザーを取り巻く経済環境は厳しくなっています。**そうした苦しい状況を見て、経済援助をちらつかせながら交際女性の子どもを狙う卑劣なロリコン男性もいます。**

事件になるケースもありますし、未遂であっても同様の被害を受けるシングルマザーは多く存在します。その例をご紹介します。

働かずギャンブルばかりしている夫に見切りをつけ、20代で離婚した秋江さん。それ以来、パートを掛け持ちしながら女手一つで娘を育ててきました。娘が中学生になって少し生活が落ち着いてきたこともあり、秋江さんはもう一度結婚をしてもいいかなと婚活をはじめ、良さそうな男性と出会いました。前の夫と別れてから男性と付き合うのははじめてでした。

男性には娘がいることを伝えて交際をスタート。中学生の娘にも男性を紹介して交際をしている中で、だんだん男性の行動が怪しくなってきました。秋江さんが不在のときに、娘が一人で家にいるのは心配だと頻繁に家に来るようになったのです。

最初は娘を見てくれるのはありがたいと思っていましたが、娘が「あの人を家に入れないでほしい」と嫌がるようになりました。理由を聞くと、体を触られたり抱きつかれたりすることが判明しました。

怒り心頭に達した秋江さんは男性を問いただし、すぐに男性との交際をやめて娘との二人生活に戻りました。

秋江さんはこれ以降、娘が自立するまでは男性との交際は控えることに決めました。

相手の男性を簡単に家に入れないこと

シングルマザーは多忙なので、交際すると相手の男性に頼ることが多くなってしまいがちです。「子どもを預かろうか?」の一言につい甘えてしまいそうになりますが、これが手口かもしれません。**いくら親密になっても交際男性はあくまでも他人です。あなたの大切な子どもを簡単に預けてはいけません。**

シングルマザーが婚活をすること自体はまったく問題ありません。誠実な男性もたくさんいます。

気をつけなければならないのは、自分の身体を狙った遊び目的や、子どもを狙って近づいてくるような、相手の男性に歪んだ性的欲求があるかどうかを見極めることです。

安心できるまでは、男性と交際しても自分の家には入れないようにしましょう。女性の家に一度入ってしまうと、何度も気軽に訪ねてくるようになるからです。

子どもに対するわいせつな行為をする現場は圧倒的に家が多いため、子どもが幼児～思春期までは特に気をつける必要があります。デートなどで会う場所は、しばらくは外出か男性の家がいいでしょう。表の顔は優しくても、恐ろしい裏の顔をもっている可能性があります。

信じたくないかもしれませんが、自らの欲望を満たすためにシングルマザーを狙うような、人間として最低な男性も現実にいます。こういう男性だけは選ばないようにしてくださいね。

シングルマザーは〝子どものため〟ではなく〝自分の幸せのため〟に婚活するのが大事

シングルマザーが婚活をするとなると、真っ先に考えるのは子どものことだと思います。シングルマザーの生活は、どうしても子どもが中心になりがち。世間的にも、自分のことより〝子ども優先が当たり前〟といった風潮があります。

しかしながら、現実問題として子どもを最優先にしていると、婚活できる環境がなかなか作れません。自分はどうしたいのかをハッキリさせないと、婚活はうまくいかないでしょう。

これからの自分の人生をどうしたいのか、自分と子どもの両方の目線でバランス良く考えましょう。どちらかに偏ってしまうと、仮に結婚できたとしても、その先で悩むことになるからです。

〝子どものために〟婚活をするとうまくいかない

シングルマザーの婚活の動機は〝子どものために〟となりがちです。けれど、「子どものためにお父さんが必要」「子どもがお父さんをほしがっている」という理由で婚活するとうまくいかなくなります。

再婚は、もちろん子どものためでもありますが、子どもはいずれ成人し、自分の力で人生を歩いていきます。**あくまでも、結婚は自分のためと意識しましょう。**

厳しいことを言いますが、シングルマザーになる選択をしたのは自分です。シングルマザーとして婚活をすることにしたのも自分です。子どもには何の責任もありません。実際、結婚をするのは、子どもではなく自分です。

それをすっかり忘れて、子どものために、良いお父さんを探すためにと婚活をすると、何か問題が起きたときに、子どものせいにしてしまうものです。結果、一番大切な子どもとの関係まで悪化してしまうかもしれません。

お母さんが幸せだと子どもはうれしい

シングルマザーの女性は「母親だから」「シングルマザーだから」と、自分のことを後回しにする人生を選びがちです。**でも、自分のことを考えてもいいんですよ。自分の幸せを求めることは悪ではありません。**

私の著書『ジェンダーレス時代の男の子 女の子の育て方』に書かせていただきましたが、子どもはお母さんがいつも笑顔で幸せそうにしているのが一番うれしいもの。**親が不幸せな状態で、子どもが幸せだと感じるのは難しいのです。**

子どもはあなたが思うほど、「お父さんがほしい」と望んではいないかもしれません。または、お母さんのことを考えて、「お父さんがいると幸せになれるのかもしれない」と思っているかもしれません。まずは子どもの意見を尊重するようにしましょう。

シングルマザーに限らず、婚活している人は「結婚すること」だけをゴールに設定してしまいます。**しかし、結婚は自分も相手も幸せになるための手段であって、目的ではありません。**結婚したあとの数十年にもわたる生活をイメージして相手を選びましょう。

28 子連れ同士が再婚する「ステップファミリー婚」がうまくいくには?

ステップファミリーとは、連れ子があって再婚し、血のつながりのない親子、きょうだい関係がある家族のことです。ステップとは、英語で「継(まま)」の意味。夫婦のどちらか、または両方が、以前のパートナーとの間にもうけた子どもを連れて再婚した家族の表現です。

再婚相手に子どもがなつかない…

ステップファミリーで多い悩みは、再婚相手と子どもとの関係性です。再婚相手に、自分の子どもがなつかないなどです。

子どもの年齢が小学生以上であれば、離婚した時点でショックを受けている状態です。今まで仲良く生活していた両親がいきなり離れればなれになってしまい、頭ではわかっていても「いずれは元の家族に戻れるかもしれない」と漠然と希望をもっている場合もあるでしょう。

そんな気持ちでいるのに、見ず知らずの再婚相手が現れて「新しいお父さん」と言われても、急な展開での戸惑いや、元の家族に戻る希望が絶たれたことに怒りも生まれるかもしれません。

そして再婚して一緒に暮らすとなれば、苗字が変わったり引っ越しがあったりして、よく知らない男性（お父さん）と同じ空間での生活がはじまるなど、その変化にさまざまなストレスが生じます。

これだけストレスを感じている子どもに対して、「新しいお父さんができて良かったわね」「お父さんの言うことをよく聞くのよ。お父さんと仲良くしてね」と言うのは、なかなか高いハードルを突きつけていることになるのではないでしょうか。

ステップファミリーなりの親子関係を作る

再婚相手の〝自分の好きな人の子どもだから、愛情を注いで良い親になろう〟と意気込む気持ちもわかりますが、子どもからすればよく知らない大人から親密なコミュケーションをとってこられても困惑してしまいます。まだ信頼関係ができていないタイミングで叱りつけたりすれば、反発を招く結果になりかねません。

そうすると、いくら頑張ってもなつかないし、血がつながっていないから、かわいくないと感じてしまうでしょう。そして、

その気持ちに罪悪感を覚えてしまい、親子関係がうまくいかなくなってしまう……。**こうしたことを避けるには、自分達の関係がステップファミリーであるということを理解して、実の親子のような親子関係を作ろうとしないことです。**ステップファミリーにはステップファミリーの親子関係の形があるはずです。

例えば、元のお父さんの記憶が残っている子どもであれば、新しい父親を「お父さん」や「パパ」と呼ぶことに抵抗がある場合があります。

そのときはニックネームでも何でも、子どもが言いやすい呼び名で良しとしましょう。

女性側が、男性の連れ子に対するのも同じです。子どもが受け取りやすいコミュニケーションをするようにして、ゆっくり家族になっていきましょう。

二人の赤ちゃんを産むべきかどうか

子連れで再婚した場合に、再婚後に新たな赤ちゃんを産むかどうかはステップファミリーにとって大きな悩みの一つです。実の子どもが産まれたことで、連れ子に対する愛情が薄れてしまったり、両方の親と血のつながった赤ちゃんが産まれることで、子ども自身が「自分はもう両親にとっていらない子どもになってしまった」などと新たな悩みを抱えてしまうことがあります。

子どもが甘えたいときに甘えられる環境は、大人が思っている以上に大切なことです。**お互いの連れ子が甘えられる状況や信頼関係をきちんとつくった上で、二人の赤ちゃんを迎えることが大切です。**

第6章

結婚が人生の幸せのすべてではない

29 婚活で成功する女性は柔軟に考えられる人 実は誰でも「結婚」できる！

女性が結婚できない理由の一つに、男性に年収を求めすぎていることがあります。

結婚相手に求める年収を年代別に調べると、最低金額はどの年代でも「３０１～４００万円」が最多です。理想の年収は、25～29歳と30～39歳では「４０１～５００万円」、40～44歳では「５０１～６００万円」が最も多くなっています。

男性がこのような結果を見たら、「本当に自分のことが好きで結婚を考えてくれているのだろうか」と不安になってしまいますよね。

あまりにも年収にこだわりすぎると男性にドン引きされてしまい、結婚のチャンスを逃す可能性もありますから、収入に関しては、ある程度は妥協することも必要です。

年収の額より大事なことは、お金について、しっかりした考えをもっているかどうかです。

柔軟に考えられる女性は結婚できる

例えば、夫婦二人で暮らしても、家賃や水道光熱費などの生活に関わるお金が独身のときの2倍になるわけではありません。共働きの夫婦なら、例えば夫が400万円＋妻が300万円であれば、合計700万円の世帯収入になります。そうすると、まぁまぁ豊かな生活ができますよね。

このように柔軟に考えられれば、結婚は誰でもできます。結婚できないのは相手を選り好みするからだと気づきましょう。

結婚できる女性の特徴は、出会いに対して積極的であること。しかも、「自然な出会い」にこだわりすぎず、友人の紹介や婚活サービスの利用など、いろいろな出会いの手段に目を向けてみると、出会いのチャンスは無限だと気づくはずです。

そして、出会った男性を減点方式で見ないこと。だって人間だもの。自分を含めて完璧な人など誰一人いないのですから、男性を減点方式で見てしまうのは傲慢なことだと自覚しましょう。

貧しいとき病めるときに誰といたいか？

結婚式の誓いの言葉に「貧しいときも病めるときも愛し合います」とありますよね？　これが結婚の本質であり、貧しい人でも病める人でも結婚できるのです。

しかし、多くの人が、裕福で健康体で容姿が良い人と結婚したいと思います。確かにそうでしょう。貧困男性や病気がちな男性と積極的に結婚したいと思う人は少ないと思います。でも、結婚した後に貧困になったり病気になったりする可能性は、誰にでもあるのです。

夫の稼ぎが悪くなったとき、夫が大病を患ったとき、または妻である自分が同じような事態になったとき、つまり、どちらか一方が自力では生きていけない事態になったときに、互いに助け合う制度が結婚なのです。

このように誰にでも起こり得るピンチを想像できるか？　それを二人で乗り越えていけるか？　というところまでイメージして結婚を考えてみましょう。

そう考えると、意外と高スペックな相手である必要はないかもしれません。**あなたは貧しいときや病気のときに、誰と一緒にいたいですか？　そうなったときに一緒にいたい人と結婚できるのが、一番の幸せかもしれませんよ。**

相手の男性は、真剣に結婚を考えているかを見極めよう

男性が結婚を真剣に考えるタイミングは、友人の結婚式に参列したときや幸せな結婚生活の話を聞いたときが多いようです。仕事が落ち着いてきたりすると、そろそろ他人事ではないと自分の人生設計を考え出します。

また、家族から結婚しないのか？　とうるさく言われたり、付き合っている彼女からの「結婚したい」重圧によって、結婚が現実味を帯びてくることもあるでしょう。

相手の男性に結婚願望があるか？

婚活でお付き合いの段階になったら、相手に結婚願望があるのか、日頃の会話でキャッチしておくことが必要です。

大人婚活は時間に余裕がありませんから、お付き合いする前やお付き合いを開始してすぐに、「結婚願望はある？」と聞いてしまいましょう。結婚を真剣に考えている人であれば、「そのつもりだよ」と答えるはずです。はじめから結婚を含めた人生プランを具体的に話してくれるなら結婚を真剣に考えている可能性大です。

しかし、言葉では「結婚したい」と言いながら、ギャンブルにハマっていたり、毎晩飲み歩いていたりと金使いが荒いタイプの場合は、結婚は遠い道のりになるかもしれません。

生活感や金銭面が見えない人には注意が必要です。「ちゃんと考えているよ」などの甘い言葉は何度も言うくせに、結婚がまったく具体的にならずに月日が過ぎてしまうようなら、さっさと見切ってしまったほうがいいかもしれません。

また、40代以上の婚活はスピードが命ですから「これからいろいろな人を見てから結婚相手を決めたい」などと猶予を求める男性も、未来への距離が遠くなるので、避けたほうがいいでしょう。

結婚を真剣に考えている男性の見分け方

逆に生活スタイルがしっかりしていて、お給料の使い道の話などをしてくれるなら、結婚を考えている可能性は高いです。

言葉より、彼の生活や生き方を冷静に観察することで、結婚を真剣に考えているかどうかがわかります。彼の親友や両親に自分を紹介してくれるなら、結婚を真剣に考えてくれている証拠です。プロポーズも近いかもしれません。

また「結婚を前提にお付き合いしてください」と告白されることもあるでしょう。結婚前提とは、結婚を視野に入れて交際したいという意味です。

とはいえプロポーズではないので、まだ結婚を承諾したことにはなりません。しかし、結婚を視野に入れた交際の申し込みですから、相手はそれだけ本気で向き合いたいと思っているということ。承諾する側も誠実に、真剣に考えてからお返事をすることが大切です。

当たり前ですが、結婚を真剣に考えている人のお相手は「結婚を真剣に考えている人」が一番いいのです。

結婚に対して同じ時間感覚の人を見つけることができたら、あっという間にゴールインできますよ。

「本当にこの人でいいの?」と迷ったら、それ以上は不安を深追いしないこと

「本当にこの人と結婚していいの?」と悩んでしまうことって、ありますよね。「好きなんだけど、モヤモヤする感じ……」。

でも、その答えは相手に求めるものではなく、自分で見つけるしかありません。

「本当にこの人でいいのかな?」と考えると急に不安になるのを「マリッジブルー」といいますが、既婚者の女性のほとんどが、マリッジブルーの経験があるそうです。

では、なぜ迷ってしまうのか、その理由を考えてみましょう。

結婚前に確認して納得しておきたいこと

まず、彼と生活をともにしていくとき、収入面は非常に気になるところですね。また、彼と家族になるということは、彼の親や兄弟など、家族が増えることになります。住む場所や両親との同居のありなしなど、不安に感じる点は多いかもしれません。そして、あなたにとって、どうしても譲れないものがあるかもしれません。それがブレーキをかけている可能性もあります。

さらに、40代は子どもをもつことに対する考え方や可能性が人それぞれですから、この点についての互いの意向を、早い段階で確認しておくことが重要です。**子どもの有無について、自身の望む未来と相手の気持ちが合っているかを見極めることで、のちのトラブルを避けることができます。**

このように、心配なことをあげればきりがありません。でも、お互いに別々の環境で育ってきた他人ですから、すべてがぴったりということはありえません。**結婚するにあたっては、彼の欠点や価値観の違いを許せるかどうかがカギになります。**

また、「彼を信頼しているか?」ということもよく考えてみましょう。

「好き」を「愛」に昇華させる

誰を結婚相手に選んでも「絶対に大丈夫!」という保証はありませんし、実際、100%相手に満足している人なんて、ごくわずかです。

「本当にこの人でいいの?」と思ったとき、その不安を回避するコツは〝それ以上、詮索しないこと〟です。自分の不安を深堀りして詮索すればするほど、不安や不満ばかりが目についてしまいます。

縁を信じましょう。縁があったから、あのとき、あの場所で出会ったのです。二人は出会うべくして出会ったはずです。夫婦は長くて50年ぐらい人生をともにします。

その間に想像できなかった出来事がたくさん起こるでしょう。

どんなことがあっても一緒に乗り越えられるのは、お金でもなく、価値観の一致でもなく、相手への信頼と深い愛情しかありません。

「好き」という気持ちは瞬発的なものですが「愛情」はじっくり育むものです。結婚したい彼との関係を〝「愛」に昇華する〟と考えることで、きっと「この人しかいない」運命の人に見えてくるはずです。

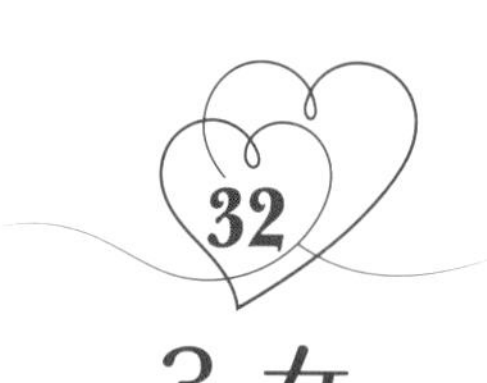

32 女性を幸せにしてくれる3つの資質を備えた男性を選ぼう

長い人生を考えると、常に隣にいてくれるパートナーの存在は必要不可欠なものです。気軽に頼れる相手がいるというだけで、金銭面や健康面など、さまざまな不安を取り除くことができて、精神の安定につながります。

また、子育てや親の介護が必要であれば、結婚して共働きすることによって家庭の収入が増えることは、かなり大きな助けになるでしょう。

そして、結婚すると健康的な生活が送りやすくなります。一人暮らしでは食生活も乱れがちで、誰かと気持ちを分かち合うこともできないために、ストレスや疲労を抱えやすくなります。**支え合えるパートナーがいるだけで、経済的な援助や家事の分担**

などもできて生活が楽になり、健康的な生活を送ることができます。

40代は精神的、経済的に自立されている方が多く、それは健全な夫婦関係を築くための強固な土台となります。自立していることで互いに依存しすぎることもなく、お互いの個性を尊重し合って、支え合える関係を育むことができます。

老後についても、独り身で過ごす老後より、パートナーがいることで精神的な支えはもちろん、経済的な面でも助け合える可能性が高まります。お互いに将来の老後の不安を分かち合い、解消へと向かわせやすくなるでしょう。

40代以上が婚活で成功するコツ

40代以上が婚活で成功するためのコツをおさらいしましょう。

まずは自己分析と現実的な目標設定が欠かせません。積極的に出会いを求めながら自分自身と向き合うことで、より良い相手と出会うことができるでしょう。

高くなりがちな理想を追い求めるあまり、現実とのギャップに苦しむことは避けるべきです。自分も相手も若くない時点で完璧ではありません。結婚の条件を現実的に設定し直して、長い時間をともに過ごせるパートナーを見つけることが、成功へのカギです。

結婚に焦る気持ちがあると、無理をして関係を進めたり、相性の合わない相手を選んでしまうリスクがあります。40代以上の婚活は時間がありませんが、焦らず相手の本質を見極めるようにしましょう。

例えば、バツイチ同士の再婚は、過去の結婚生活から得た教訓を共有しやすく、理解し合える可能性が高まります。同じ経験をもつために、相手の気持ちを汲み取るコミュニケーションがとりやすいことでしょう。

そして、若い頃の自分をいつまでも引きずるのはやめましょう。今の40代になった自分に自信をもつことが大切です。

過去のモテた栄光にしがみつくことなく、今の自分に沿った相手を選んでください。

容姿を磨いて自分を好きになり、自己肯定感を上げることで、現在の姿に自信をもちましょう。それが〝素敵な女性〟として相手に好かれる土台になります。

女性を幸せにしてくれる男性の資質

では、女性を幸せにする男性の資質を3つ紹介します。

♥①尊敬できる相手か

女性の人柄の良さは、賢さ、優しさ、明るさ、上品さなどで表されます。**そんな女性の良さを尊重してくれて、尊敬できる紳士的な男性となら、幸せな結婚生活を送ることができるでしょう。**

♥②問題解決能力があるか

結婚をすると、いろんな問題に直面することになります。問題が起きたとき、きちんと向き合って解決するように努力してきた人は、問題解決能力が高くなります。**彼がどんな問題を解決してきたのかを教えてもらうといいでしょう。**男性にとって、問題解決は武勇伝の披露になるので、きっと喜んで話してくれますよ。

♥③ 金銭感覚がきちんとしているか

「愛があればお金なんて要らない」なんてことは絶対にありません。生活するにはお金が必要です。自分の収入に見合ったお金の使い方ができるかどうかは、結婚生活では大事なことです。**浪費家もよくないですが、ケチな男性にも要注意です。お金に対しての執着心が強いので、必要な生活費も出し渋る傾向があります。**

「好きだから何でも乗り越えられる」などということはありません。結婚したらずっと一緒に暮らしていくわけですから、メリット・デメリットをしっかり見極めていきましょう。

「結婚する幸せ」と「結婚しない幸せ」あなたはどちらを選ぶ？

婚活に疲れを感じて「結婚する意味がわからなくなってきた」と思ったとき、私がおすすめしたいのは「5年後の自分がどんなふうに生活しているかを想像する」ことです。

3年後だと、今とそう変わっていない生活を続けていそうだし、10年後だとリアル感がなさすぎてイメージがわかないでしょう？　だから「5年後」なんです。

「5年後にはきっと結婚している」とイメージしますか？　それとも、未婚のままの自分を想像しますか？　できるだけ詳しく想像してみましょう。

5年後の自分はどんな幸せを感じている？

ポイントは、「5年後の自分がどんなシチュエーションで『ああ、幸せだな』と感じているか」を想像してみることです。

夫がいるなら、どんな顔ですか？　体型は？　ファッションは？　あなたの隣にいますか？

例えば、夫と手をつないで休日の朝の公園を散歩している自分。早めに帰宅した夫とワインを飲みながら、今日あったことをおしゃべりしている自分。子どもと三人で旅行に行っている自分。夫の転勤先のニューヨークでオシャレな生活をしている自分。

――こんなふうに想像してみて、気持ちがワクワクしたり、幸福感で包まれたりするのはどんなシーンですか？

不思議なことに、そうやって具体的に想像していくうちに、なんとなく夫になる男性のイメージも湧いてくるものです。例えば、休日の朝の散歩が好きな夫なら、カジュアルなファッションが似合う穏やかそうな男性でしょうし、ニューヨーク駐在が似合う夫ならオシャレで知的な雰囲気の男性でしょう。

こうして思い描いた男性が、あなたの未来にふさわしい男性かもしれません。ということは、そんな感じの人を探せばいいので、自然と出会うべき相手を引き寄せていくようになります。

後悔のない人生を送ること

もしかして結婚のイメージがまったく見えなくて、一人で過ごす時間や女友達との交流のシーンが楽しい映像として湧いてきたら、「結婚しない幸せ」のほうを選んでもいいかもしれません。

私は結婚を応援する仕事をしていますが、必ずしも「結婚＝幸せ」とは思っていません。人生の幸福度や充実度は人それぞれに違うからです。

もし結婚しないなら、働き続ける力や、人間関係が貧困にならないことが大事です。人生を充実させ、友人も多くもち、お金と体力と、一人でも寂しくないメンタルの強さ。これだけそろっていたら、一人でも生きていけます。

でも、あなたの人生で「結婚」が何が何でも成し遂げたいものであるならば、絶対に結婚したほうがいいと断言できます。なぜなら、一度も男性とお付き合いをしたことがなく、結婚せずに年老いてしまった女性から、想像を絶するような後悔を相談されることが多いからです。

男性と付き合いたかったら、付き合いましょう。結婚したかったら、結婚しましょう。子どもを産みたかったら、産みましょう。

自分がしたいことは、誰にも遠慮することなくやればいいのです。自分の人生に、ただの一つの後悔もないようにしてください。

おわりに

本書をお読みいただき、ありがとうございます。この本は、婚活の仕事を20年やってきた私の集大成です。40代以上の女性が結婚するために必要なことをすべて詰め込みましたので、永久保存版として使いこなしてください。

ほんの50年前ぐらいまでは、40代以上の女性が未婚でいることなどありえませんでした。女性の社会進出が進んで仕事にやりがいを見いだす人が増え、自分らしい生き方を選択することができるようになった今、初婚年齢がどんどん上がって、40代で初婚も当たり前になってきました。

ですが、社会の進化と人間の肉体の進化は、同時進行ではありません。安全に子どもを産める年齢は20代のままですし、50代になったら閉経します。ここが女性の結婚と人生の選択において、大きな悩みどころになるのです。

人は誰しも完璧ではありません。「異性間コミュニケーション」では、男女は完璧ではない者同士として、補い合うために一緒にいると考えています。この前提を知っていると、相手を尊重して大切にするよう心がけた、心地よい関係が築けるようになります。

この本に書いてあることを実践していただき、誰かと一緒に歩む人生の幸せをつかんでほしいと願っています。

最後になりましたが、出版のきっかけを作ってくださった飯田伸一さん、松尾公輝さん。ビジネス社の山浦秀紀さん。ありがとうございました。

そして、私の婚活本の出版を応援してくれた異性間コミュニケーション協会の仲間、家族、関係者のみなさんに心から感謝申し上げます。

２０２４年３月

佐藤律子

読者限定プレゼント

最後までお読みくださりありがとうございます。

婚活に頑張るあなたを応援するために、感謝の気持ちをこめて読者特典を2つご用意しました。

Present 1

佐藤律子にLINEで婚活相談ができる「公式LINE」に無料ご招待。詳細は下のURLか、QRコードからアクセスしてください。

https://lin.ee/Occu9HA

Present 2

佐藤律子の「駆け込み婚活マンツーマンレッスン」(3日間)を、特別価格で受講できます。詳細は下のURLか、QRコードからアクセスしてください。

https://wgxr6.hp.peraichi.com

[著者プロフィール]

佐藤律子（さとう・りつこ）

1972年宮城県生まれ。2001年、ウエディング事業で起業し順調に成長していたが、2011年３月の東日本大震災を契機に婚活、イベント、講師業に転換。1300組以上を結婚に導いた経験から（一社）異性間コミュニケーション協会を設立。人間関係を改善する専門協会として、認定講師100名以上が在籍する。異性間コミュニケーション研修の受講者は延べ５万人を超える。自治体から婚活セミナー等の依頼も多く、その件数と実績は全国１位。自治体婚活イベントのカップル成立率は60%以上を誇る。婚活スペシャリストとして新聞、雑誌、テレビなど、数多くのメディアで取り上げられている。著書に、『ずるいくらい思いのままに恋が叶う』（かんき出版）、『７日間で運命の人に出会う！頭脳派女子の婚活力』（青春出版社）、『最高に幸せな“たった１つの恋”を実らせるレッスン』（大和書房）などがある。

公式ホームページ　https://www.iseikan.jp/
公式LINE　https://lin.ee/Occu9HA
Instagram　https://www.instagram.com/ritsuko.satoh/

２年以内に幸せをつかむ 大人婚活 完全ガイド

2024年４月１日　　第１刷発行

著　者　佐藤律子
発行者　唐津　隆
発行所　株式会社ビジネス社
〒162-0805 東京都新宿区矢来町114番地
神楽坂高橋ビル５階
電話 03(5227)1602　FAX 03(5227)1603
https://www.business-sha.co.jp

カバー印刷・本文印刷・製本/半七写真印刷工業株式会社
〈装幀〉谷元将泰
〈本文デザイン・DTP〉関根康弘（T-Borne）
〈イラスト〉小関恵子
〈営業担当〉山口健志　〈編集担当〉山浦秀紀

ISBN978-4-8284-2613-6